高等职业教育智能网联汽车技术专业教材

C-V2X与车路协同系统调试及测试
C-V2X yu Chelu Xietong Xitong Tiaoshi ji Ceshi

厦门金龙联合汽车工业有限公司　　组织编写
北京汇智慧众汽车技术研究院

马　荣　张华伟　主　　编
严　鉴　江　泉　李安全　副主编

人民交通出版社股份有限公司

北京

内 容 提 要

本书是高等职业教育智能网联汽车技术专业教材。全书分为六个模块,主要内容有:C-V2X 概述、C-V2X 与车路协同关键技术、V2X 经典应用场景、一致性互联互通调试及测试、实验室测试、C-V2X 应用场景测试。

本书可作为高职高专院校智能网联汽车技术专业的教学用书,也可作为从事汽车智能技术、智能网联汽车技术专业相关技术人员的培训教材。

图书在版编目(CIP)数据

C-V2X 与车路协同系统调试及测试 / 马荣,张华伟主编. —北京:人民交通出版社股份有限公司,2022.12
ISBN 978-7-114-18326-3

Ⅰ.①C… Ⅱ.①马… ②张… Ⅲ.①汽车—物联网—系统测试 Ⅳ.①U469-39

中国版本图书馆 CIP 数据核字(2022)第 204829 号

书　　名:	C-V2X 与车路协同系统调试及测试
著 作 者:	马　荣　张华伟
责任编辑:	张一梅
责任校对:	赵媛媛
责任印制:	刘高彤
出版发行:	人民交通出版社股份有限公司
地　　址:	(100011)北京市朝阳区安定门外外馆斜街 3 号
网　　址:	http://www.ccpcl.com.cn
销售电话:	(010)59757973
总 经 销:	人民交通出版社股份有限公司发行部
经　　销:	各地新华书店
印　　刷:	北京市密东印刷有限公司
开　　本:	787×1092　1/16
印　　张:	10.5
字　　数:	245 千
版　　次:	2022 年 12 月　第 1 版
印　　次:	2024 年 8 月　第 2 次印刷
书　　号:	ISBN 978-7-114-18326-3
定　　价:	32.00 元

(有印刷、装订质量问题的图书,由本公司负责调换)

前言 | PREFACE

近年来,全球新一轮的科技革命和产业变革加速演进,新一代信息技术及其深度应用已经推动人类社会步入新的发展阶段,智能经济蓬勃发展,对经济社会发展影响深远。汽车技术的发展日新月异,电动化、网联化、智能化、共享化成为汽车产业发展潮流和趋势。目前,我国汽车产业迅速发展,自主品牌市场份额逐年提高,关键零部件供给能力明显增强,新能源汽车产业体系日渐完善,电池、电机、电控系统及整车具有较强的国际竞争力,这为智能汽车的发展奠定了坚实的基础。2015 年 5 月,国务院印发《中国制造 2025》,汽车被列入"十大重点领域","智能网联汽车"首次在国家政策层面正式提出。2019 年 9 月,中共中央、国务院印发《交通强国建设纲要》,提出加强智能网联汽车(智能汽车、自动驾驶、车路协同)研发,形成自主可控完整的产业链。国家发展和改革委员会、工业和信息化部等 11 个部门联合发布《智能汽车创新发展战略》,提出到 2025 年,实现有条件自动驾驶的智能汽车达到规模化生产,实现高度自动驾驶的智能汽车在特定环境下市场化应用。2021 年 2 月,国务院印发《国家综合立体交通网规划纲要》,提出推进智能网联汽车(智能汽车、自动驾驶、车路协同)应用,推动智能网联汽车与智慧城市协同发展。在政策、技术与市场等多重因素的影响下,汽车产业作为国民经济的重要支撑产业,与能源、交通、信息通信等领域有关技术加速融合,正朝着网联化、智能化进程加速推进。智能网联汽车技术的发展已进入快车道。然而,目前国内高职院校汽车专业人才培养供给难以满足智能网联汽车产业发展需求。

2021 年 4 月,中国汽车工程学会、国家智能网联汽车创新中心发布了全国职业院校《智能网联汽车专业建设白皮书(2021 版)》,为职业院校智能网联汽车技术专业建设提供了思路。为了抓住汽车产业智能化发展战略机遇,满足行业对智能网联汽车技术专业人才的需求,加快推进智能汽车技术创新发展,人民交通出版社股份有限公司组织相关院校教师与企业专家共同开发了高等职业教育智能网联汽车技术专业教材。本套教材具有以下特点:

1. 以爱党、爱国、爱社会主义、爱人民、爱集体为主线,围绕政治认同、家国情怀、文化素养、宪法法治意识、道德修养等因素,深入挖掘教材内容中蕴含的思政资源,提炼并利用教材思政元素,寓价值观引导于知识传授和能力培养之中,帮助学生树立正确的世界观、人生观、价值观,实现全员全程全方位育人。

2. 立足先进的职业教育理念,紧跟汽车新技术的发展步伐,结合智能网联汽车技术专业的人才培养模式和课程体系设置等进行教材内容设置,及时反映产业升级和行业发展需求,体现新知识、新技术、新工艺、新方法、新材料。

3. 以就业为导向,以职业能力培养为核心,注重学生实践应用能力的培养和技能的提升,使学生培养过程实现"理实一体",旨在为行业培养高素质的智能网联汽车技术技能人才。

4. 教材呈现形式立体化,借助现代信息技术,科学整合多媒体、多形态、多层次的教学资源,教材的知识点以二维码链接数字资源,满足学生个性化学习的需求,提升教材使用体验。

《C-V2X 与车路协同系统调试及测试》是本系列教材之一。全书由西南林业大学机械与交通学院马荣、云南交通运输职业学院张华伟任主编,厦门金龙联合汽车工业有限公司智能网联研究所严鉴、陕西交通职业技术学院江泉、德宏职业学院李安全任副主编。教材编写分工为:马荣编写模块一、模块二,张华伟编写模块四,严鉴编写模块三,江泉编写模块五,李安全编写模块六。此外,深圳技术大学王永辉、云南机电职业技术学院余永纪、攀枝花学院智能制造学院郭小兰、云南现代职业技术学院卜骏林、郑州职业技术学院范振山、张彦等多位老师也参与了本书的编写工作。在教材编写过程中,还得到了厦门金龙联合汽车工业有限公司阿波龙事业部、北京汇智慧众汽车技术研究院、成都融畅易和科技有限公司、成都未有科技有限公司的大力支持,力求把此教材打造成为校企合作、岗课证融通的示范性教材,在此对以上公司表示衷心的感谢。作者在编写过程中引用了一些资料和文献,特向其作者表示诚挚的谢意。

智能网联汽车技术是一个新专业,涉及的新技术较多,限于作者水平,书中难免出现疏漏或错误之处,恳请读者批评指正。

作　者
2022 年 7 月

目录 | CONTENTS

模块一　C-V2X 概述 ·· 1
　　一、C-V2X 的概念与内涵 ································· 1
　　二、C-V2X 的产业发展历程 ······························ 8
　　三、C-V2X 领域常见术语 ······························· 17
　　技能实训 ·· 20
　　思考与练习 ·· 21

模块二　C-V2X 与车路协同关键技术 ···················· 22
　　一、V2X 技术 ·· 22
　　二、车路协同的自动驾驶技术 ·························· 25
　　三、车联网安全隐私技术 ································· 28
　　四、交通状态全面感知技术 ······························ 32
　　五、交通信号优化技术 ···································· 34
　　技能实训 ·· 36
　　思考与练习 ·· 37

模块三　V2X 经典应用场景 ································· 39
　　一、场景分类 ·· 39
　　二、前向碰撞预警 ·· 42
　　三、交叉路口碰撞预警 ···································· 45
　　四、左转辅助 ·· 47
　　五、盲区预警/变道辅助 ··································· 49
　　六、逆向超车预警 ·· 51
　　七、紧急制动预警 ·· 53
　　八、异常车辆提醒 ·· 55
　　九、车辆失控预警 ·· 57
　　十、道路危险状况提示 ···································· 59
　　十一、限速预警 ··· 60
　　十二、闯红灯预警 ·· 61

十三、弱势交通参与者碰撞预警 ·········· 63
　　十四、绿波车速引导 ·········· 67
　　十五、车内标牌 ·········· 69
　　十六、前方拥堵提醒 ·········· 70
　　十七、紧急车辆提醒 ·········· 72
　　十八、汽车近场支付 ·········· 73
　　技能实训 ·········· 76
　　思考与练习 ·········· 78

模块四　一致性互联互通调试及测试 ·········· 80

　　一、车载单元（OBU） ·········· 80
　　二、路侧单元（RSU） ·········· 83
　　三、场景搭建 ·········· 85
　　四、调试、测试参数与指标 ·········· 88
　　五、测试内容及结果分析 ·········· 91
　　技能实训 ·········· 119
　　思考与练习 ·········· 121

模块五　实验室测试 ·········· 122

　　一、实验室射频测试 ·········· 122
　　二、实验室通信性能测试 ·········· 126
　　三、实验室抗干扰性能测试 ·········· 129
　　技能实训 ·········· 135
　　思考与练习 ·········· 136

模块六　C-V2X 应用场景测试 ·········· 138

　　一、C-V2X 场景仿真测试 ·········· 138
　　二、C-V2X 场景实车道路测试 ·········· 139
　　技能实训 ·········· 155
　　思考与练习 ·········· 157

参考文献 ·········· 159

模块一 C-V2X概述

学习目标

▶ **知识目标**
1. 认识车联网产业发展现状；
2. 能够解释车联网应用的核心要素；
3. 认识 C-V2X 产业整体的发展脉络；
4. 能够列举 C-V2X 的定义及相关概念。

▶ **技能目标**
1. 能描述 C-V2X 的特点及优势；
2. 能结合相关案例分析 C-V2X 的发展现状；
3. 能熟练应用 C-V2X 相关专业术语。

▶ **素养目标**
1. 养成良好的学习习惯，树立高尚的职业道德；
2. 通过学习我国智能网联汽车的发展状况，提升民族自信心、自豪感。

建议课时

4 课时

一 C-V2X 的概念与内涵

（一）车路云一体化融合控制系统

车路云一体化融合控制系统，是利用新一代信息与通信技术，将人、车、路、云的物理层、信息层、应用层连为一体，进行融合感知、决策与控制，实现车辆行驶和交通运行安全、效率等性能综合提升的一种信息物理系统，也可称为智能网联汽车云控系统，简称"云控系统"，如图 1-1 所示。智能网联汽车云控系统的产业生态具有参与者类型众多、体量庞大、产业链较长等诸多特点，使得对智能网联汽车云控系统技术融合与创新发展的要求极高，亟待通过统筹规划与顶层设计建设一套能够支撑智能网联汽车和智能交通领域云控应用的基础平台,推动云控系统的实际运行。云控系统的定位如下。

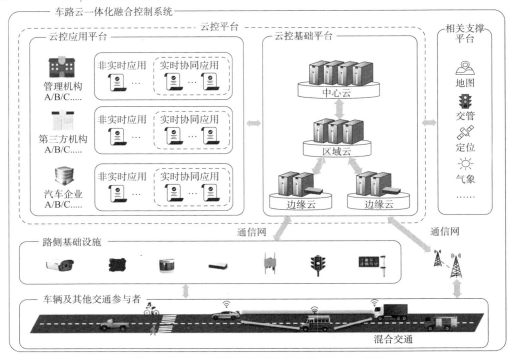

图 1-1　车路云一体化融合控制系统架构及组成示意图

(1)云控系统是国家《智能汽车创新发展战略》和交通强国战略的有力支撑。《国家智能汽车创新发展战略》提出"人-车-路-云"系统协同发展的概念,并将其作为构建协同开放的智能汽车技术创新体系的重要任务之一。"人-车-路-云"系统协同能力建设是未来智能汽车示范应用工作的重要目标,是完善智能汽车技术标准体系建设的重要参考。云控系统定位于"人-车-路-云"系统,通过系统架构设计和产业生态升级,推动产业相关方实现我国智能汽车强国的战略目标。

(2)云控系统是国家智能汽车大数据管理平台的典型代表。我国《智能汽车创新发展战略》要求充分利用现有设施和数据资源,统筹建设智能汽车大数据云控基础平台;重点开发建设逻辑协同、物理分散的云计算中心,标准统一、开放共享的基础数据中心,风险可控、安全可靠的云控基础软件,逐步实现车辆、基础设施、交通环境等领域的基础数据融合应用。云控系统响应国家需求,旨在基于开源开放、资源共享的机制,构建一个完整的云控技术体系与生态系统,为国家智能汽车大数据云控基础平台建设提供技术方案和参考。

(3)云控系统是智能网联汽车中国方案的实践路径。现有单车智能技术路线存在车载感知范围有限、可靠性不足、车间行为存在博弈与冲突、单车依靠局部信息进行的规划与控制难以实现全局优化等问题。传统车路协同主要强调车与路侧设备之间的协同,虽然可以解决部分单车智能面临的问题,但应用场景有限,且其主要功能在于利用车与车、车与路之间的信息交互辅助单车决策,难以实现面向区域级路网大范围网联应用中的群体协同决策,不能满足智能网联汽车组成的交通系统在发展过程中对全局车辆与交通的交互、管控与优化、对交通数据的广泛深度应用等方面的实际要求。云控系统可以实现"人-车-路-云"系统协同的控制,不仅为单车决策提供有效信息,还可以在现有车路协同基础上通过全域控制实现对所有交通参与者的全路段、全天候、全场景的自主控制,可以在未来不同等级智能汽车混行的交通环境中,为我国交通管理与国家管控提供重要解决方案。

(4)云控系统是智能交通和新基建推进的有效解决方案。智能汽车的技术迭代和商业化落地离不开道路、通信等基础设施的建设,然而目前基础设施建设存在因企业或不同部门各自仅根据自身需求建设而造成的资源重复、标准不统一、难以互联互通、成本高等问题。云控系统将通过整体架构设计,以资源共享的方式进行现有基础设施的有机集成;通过示范应用完善架构设计并进行全国统一的智能网联汽车基础设施建设,分摊各单位的建设成本,提高资源有效利用率,形成产业统一的标准和规范;通过开放式的生态建设加速智能汽车技术研发和迭代,为智能汽车商业模式探索提供标准统一的基础设施环境,推进智能汽车商业化落地进程,助力我国在智能汽车领域实现引领作用和高质量发展。

智慧交通

云控基础平台由边缘云、区域云与中心云三级云组成,形成逻辑协同、物理分散的云计算中心,如图 1-2 所示。通过对车路交通动态数据进行统一采集与处理的云控基础平台,使云控系统具有车路云泛在互联、交通全要素数字映射、应用统一编排、高效计算调度以及系统运行高可靠等特征。

图 1-2 云控基础平台总体框架图

云控系统的产业生态构成从区域范围角度,包括城内、城际、特定区域产业生态;从产业链角度,包括政府及行业监管机构、供应商、网联车辆、出行业务服务商及特定业务提供商等,如图1-3所示。其中,政府及行业监管机构是云控系统及各项基础设施标准、规划、建设、管理、复用与共享的推动方,是整个云控体系的基础;供应商是云控系统各项基础设施与基础能力的提供方;网联车辆是云控系统的主要服务对象;业务提供商利用云控系统的能力开展面向出行和特定场景的服务。

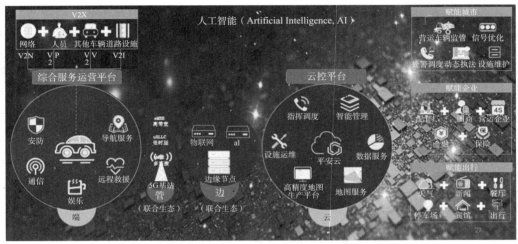

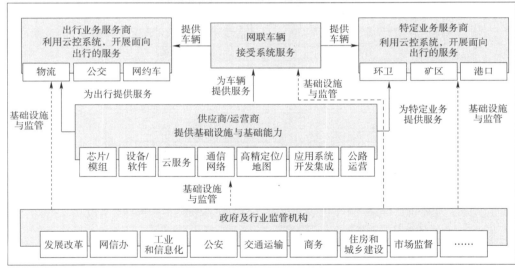

图1-3 云控系统产业链图

(二)车联网

车联网

网联自动驾驶是在现有单车智能自动驾驶的基础上,旨在通过车联网将"人-车-路-云"交通参与要素有机地联系在一起,拓展和助力单车智能自动驾驶在环境感知、计算决策和控制执行等方面的能力升级,加速自动驾驶应用成熟。在环境感知环节进行协同,支持车辆获得比单车智能感知更多的信息,如非视距感知或解决容易受恶劣环境影响等问题;在计算决策环节进行协同,增加车与车、车与路之间的系统性决策,如解决车辆优先级管理、交通路口优化控制等;在控制执行环节进行协同,对车辆驾驶行为进行干预,如远程遥控车辆脱困等。与此同时,网联自动驾驶的发展还将带动"人-车-路-云"协同车联网新型基础设施体系的建设与完善,助力5G(第五代移动通信技术)、人工智能等信息通信技术在垂直行业的应用推广,促进实现汽车和交通服务的新模式新业态发展。

车联网是汽车和交通服务新业态应用发展的基本手段和技术支撑,其在新一代信息技术的支撑下,融合使用了现代通信技术,经这些技术交融,借助信息和通信技术,实现车内、车与车、车与路、车与人、车与服务平台的全方位网络连接,提升汽车智能化水平和自动驾驶能力,构建汽车和交通服务新业态,从而提升交通效率,提高国内生产总值,改善汽车驾乘感受,为用户提供智能、舒适、安全、节能、高效的综合服务。

伴随着信息通信技术产业与汽车产业、交通产业的深度融合,车联网逐渐被认为是近些年市场需求最明确、最有产业潜力的物联网领域之一。由于各方的行业背景和视角不同,对车联网的理解也不完全相同。当前,我国普遍采纳的车联网的定义为:借助新一代信息和通信技术,实现车内、车与车、车与路、车与人、车与服务平台的全方位网络连接,提升汽车智能化水平和自动驾驶能力,构建汽车和交通服务新业态,从而提升交通效率,改善汽车驾乘感受,为用户提供智能、舒适、安全、节能、高效的综合服务。工业和信息化部2021年发布的《国家车联网产业标准体系建设指南》中指出:发展车联网产业,有利于推动智能交通,实现自动驾驶,促进信息消费,成就数字经济,有利于推动汽车节能减排。

车联网的应用主要涉及三个核心要素,即网络连接、汽车智能化以及服务新业态发展。在实际的车载服务过程中,信息通信技术的应用极为关键。现阶段,车用无线通信技术(Vehicle to Everything,V2X)是车联网信息通信技术的主要应用形式。V2X是将车辆与一切事物相连接的新一代信息通信技术,其中,V代表车辆,X代表任何与车交互信息的对象,当前X主要包含车、人、交通路侧基础设施和网络。V2X交互的信息模式包括车与车之间(Vehicle to Vehicle,V2V)、车与基础设施之间(Vehicle to Infrastructure,V2I)、车与人之间(Vehicle to Pedestrian,V2P)、车与网络之间(Vehicle to Network,V2N)的交互。

在美国,车联网又称为互联车辆。互联车辆代表现代地面交通系统的各种要素(人、公共交通工具和货运车辆、行人、骑车人、路侧、基础设施、交通管理中心等)相互之间快速、连续地进行电子通信的能力。

在欧洲,车联网用合作式智能运输系统(Cooperative Intelligent Transportation Systems,C-ITS)来指代,并且确认车联网技术是C-ITS区别于传统ITS的最主要特征:协作式ITS是一组技术和应用程序,允许通过无线技术在运输系统的要素和要素之间进行有效的数据交换,通常是指在车与车或车与基础设施之间,但也有易受伤害的道路使用者,如行人、自行车骑车人或摩托车骑车人。

车联网标准体系可分为无线和应用两大部分。目前,国际上主流的车联网无线通信技术有IEEE 802.11p和C-V2X两条技术路线,而应用层标准则由各国家和地区根据区域性的应用定义进行制定。其中,IEEE 802.11p技术基于Wi-Fi标准改进,在

IEEE进行标准化工作。C-V2X是基于蜂窝通信和终端直通通信融合的车联网技术,其标准工作在第三代合作伙伴计划(Third Generation Partnership Project,3GPP)开展,包括基于LTE技术的版本LTE-V2X和面向新空口的NR-V2X。无论是IEEE主导的802.11p技术,还是3GPP的C-V2X技术,目前都已经完成阶段性技术研究和标准化工作,车联网产业化的技术条件已具备,全球车联网产业化阶段已经到来。V2X技术有两条不同的技术路线。

(1)专用短程通信(Dedicated Shaort Range Communication,DSRC),是以IEEE 802.11p通信协定为基础,提供短距离无线传输的技术,车-车和车-路通信为其主要应用方式。标准制定从2004年开始,由美国主导,于2010年完成发布。其主要承载基本交通安全业务,却不能支持未来的自动驾驶业务需求。

(2)蜂窝车联网(Cellular Vehicle-to-Everything,C-V2X)基于蜂窝网通信技术演进形成的车用无线通信技术,通过直连通信和蜂窝通信两种方式,支持车-车、车-路、车-人以及车-云等各类车联网应用。C-V2X基于3GPP全球标准,包含LTE-V2X和5G-V2X。其中,LTE-V2X主要承载基本交通安全业务,标准制定从2015年开始,2017年发布了R14版本;5G-V2X基于5GNR技术,主要面向承载自动驾驶业务,于2020年发布。

C-V2X作为后起之秀,在通信范围、容量、车辆移动速度、抗干扰性等各方面的性能全面优于DSRC。根据福特公司与高通公司在美国密歇根Fowlerville试验场进行对比测试的结果,LTE-V2X在通信距离(无遮挡及有遮挡两种环境)抗干扰能力等方面的性能是DSRC的2~3倍。此外,C-V2X还具备未来可支持自动驾驶的演进路线的优势。美国运输部(USDOT)也参与了5G-V2X标准的讨论和制定。美国运输部国家公路交通安全管理局(NHTSA)在2018年7月宣布,USDOT正和行业伙伴一起探索新兴的C-V2X,以及更好地了解5G。

相比DSRC芯片主要由少数美国和日本企业控制,C-V2X获得网络运营商、设备制造商、车企、汽车零部件提供商等更广泛的支持。其中,中国厂商在C-V2X的深入参与,更有利于推动产业的规模化及普及商用。工业和信息化部明确选择了LTE-V2X制式作为车联网(智能网联汽车)的直连通信技术。结合国家政策及产业链生态的进展,C-V2X技术更适合中国车联网的发展。V2X能满足低时延、高可靠等特殊严苛的通信要求,通过V2X将"人、车、路、云"等交通参与要素有机地联系在一起,一方面能够获取更为丰富的感知信息,促进自动驾驶技术发展;另一方面能够通过构建智慧交通系统,提升交通效率、提高驾驶安全、降低事故发生率、改善交通管理、减少污染等。

目前,我国已将车联网产业上升到国家战略高度,产业政策持续利好。车联网技术标准体系已经在国家标准层面完成顶层设计。我国车联网产业化进程逐步加快,围绕LTE-V2X形成包括通信芯片、通信模组、终端设备、整车制造、运营服务、测试认证、高精度定位及地图服务等较为完整的产业链生态。为推动C-V2X产业尽快落地,工业和信息化部、交通运输部、公安部等积极与地方政府合作,在全国各地先后支持建设了16个智能网联汽车测试示范区,工业和信息化部还积极推动国家级车联网先导区建设,现已批复支持无锡、天津、长沙建立国家级先导区,还有多处积极申报中,为后续大规模产业化及商业化奠定了基础。

(三) C-V2X

作为未来汽车革命的关键领域和智能交通系统的核心技术，C-V2X 是基于蜂窝移动通信系统的 V2X 无线通信技术，将实现车-车、车-人、车-基础设施、车-网络等的连接，结合人工智能、视觉计算、高精度地图、精确定位等技术，满足目前智能交通系统在汽车行驶安全、效率提升和信息服务等方面的需求，并为其向自动驾驶与无人驾驶系统的平滑演进提供可能。

C-V2X 是 5G 汽车联盟（5G Automotive Association，5GAA）提出的新术语，目的是区别 IEEE 802.11p，专指基于蜂窝移动通信系统的 V2X 无线通信技术。

C-V2X 中的 C 是指蜂窝（Cellular），它是基于 3G/4G/5G 等蜂窝网通信技术演进形成的车用无线通信技术，包含基于 LTE 网络的 LTE-V2X 以及未来 5G 网络的 NR-V2X 系统，是 DSRC 技术的有力补充。借助已存在的 LTE 网络设施来实现 V2V、V2I、V2P、V2N 的信息交互，这项技术最吸引人的地方是它能紧跟变革，适应更复杂的安全应用场景，满足低延迟、高可靠性和高带宽要求。

C-V2X 目前主要覆盖三大典型应用场景，即交通主动安全、交通效率和信息服务，并且逐步向支持实现自动驾驶应用演进。交通主动安全是 C-V2X 最重要的应用场景之一，对于缓解交通拥堵、减少交通事故有十分重要的意义。典型的交通主动安全应用场景包括前向碰撞预警、交叉路口碰撞预警、紧急制动预警等。交通效率是 C-V2X 的重要应用场景，同时也是智慧交通的重要组成部分，对于缓解城市交通拥堵、节能减排具有十分重要的意义。典型的交通效率应用场景包括车速引导、车内标牌、协作式自适应巡航等。信息服务是提高车主驾车体验的重要应用场景，是 C-V2X 应用场景的重要组成部分。典型的信息服务应用场景包括紧急呼叫业务、多媒体业务、汽车近场支付等。伴随无线通信技术的发展，C-V2X 应用场景不断演进，未来 5G 网络能够在提供 99.999% 稳定性的同时做到小于 1ms 的通信时延，因此，5G-V2X 可以支持更多面向高度自动驾驶的车联网业务，包括车队编队行驶、扩展传感器、先进驾驶、远程遥控驾驶等。在 C-V2X 国际标准化方面，作为 LTE 平台向垂直行业新业务的延伸，3GPP 对车辆通信的增强进行了标准研究和开发。

5G-V2X 是基于 5G 蜂窝网通信技术演进形成的车用无线通信技术，是 LTE-V2X 技术的平滑演进。5G-V2X 在 3GPP 的推进下启动，形成以华为、高通等通信产业链企业、电信运营商和汽车企业为主的产业阵营。5G 技术最大的特点就是包含了面向大带宽、面向大连接物联网、面向低时延高可靠性车联网通信 3 个方面的实现。基于 LTE-V2X 技术演化得到的 NR-V2X（New Radio-V2X）直连通信模式也会是重要补充。直连模式部署更加灵活、成本更低，可以应用于 5G 基站信号未覆盖的地方，或者分担一部分 V2V、V2I 通信需求，来缓解网络上的压力。5G 网络对车联网业务的支撑体现在其超低时延、超高可靠性以及更高的网络可靠性上。未来更优化、技术更领先的车载、路侧单元应是满足 5G 环境下车联网应用场景的硬件设备及配套软件算法。结合现有的 C-V2X 技术来看，根据 V2X 各个场景的应用需求，体现出了不同的通信技术要求，如图 1-4 所示。

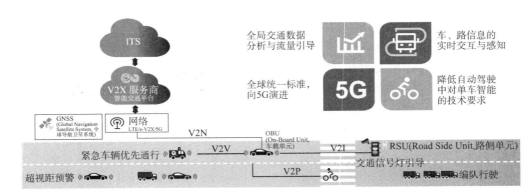

图 1-4　5G-V2X 通信场景

拓展阅读

《美国商业资讯》网站 2021 年发布的关于中国 5G 网络发展状况的报道指出，中国 5G 基站数占全球 70%，中国在 5G 技术领域处于世界领先地位。报道称，中国自 2019 年推出 5G 商用以来，5G 网络取得快速发展，中国 5G 城市数量居世界第一，5G 投资稳步增长，5G 普及率全球最高。

互联网的快速发展是我国全面建成小康社会的一大体现。工业和信息化部总工程师、新闻发言人田玉龙介绍称，中国已建成全球最大光纤网络、4G 和 5G 独立组网网络，目前累计开通 5G 基站 96.1 万个，占全球 70%，截至 2021 年 6 月底，覆盖全国所有地级以上城市，5G 终端连接数约 3.65 亿户，占全球 80%。《中国互联网发展报告（2021）》指出，截至 2020 年底，我国 5G 网络用户数超过 1.6 亿人，约占全球 5G 总用户数的 89%，网民规模达 9.89 亿，互联网普及率达到 70.4%。

基于我国在 5G 领域的建设，目前我国在汽车网联化方面在全球领先，通过提供信息交换和环境感知能力，C-V2X 是从单车智能发展到网联智能的重要使能技术。随着《工业和信息化部关于推动 5G 加快发展的通知》等文件的发布，5G 新基建已经到来，未来需要更加丰富 5G 应用场景，培育新型应用模式，构建 5G 应用生态系统。5G + 车联网、5G + 工业互联网、5G + 医疗健康等在众多应用中更加成熟，得到更快的推广和应用。未来的汽车将是新型的载人移动智能电子设备，而中国是全球最大的汽车生产国和销售国，5G + 车联网的发展是我国汽车工业崛起，由汽车大国走向汽车强国的重要战略。

二、C-V2X 的产业发展历程

（一）C-V2X 标准化发展

作为车联网的无线通信技术，虽然 IEEE 802.11p 具有先发优势，但是相对而言，C-V2X 具有表 1-1 所列的技术优势。C-V2X 以其具有的优势，目前已成为国际主流的车联网通信标准。美国、欧洲、日本虽然在 2016 年前后均已将车联网产业作为战略制高点，通过制定国家政策或立法推动产业发展，但主要基于 IEEE 802.11p 开展工作。近期，C-V2X 技术标准在全球竞争中已形成超越态势。继我国率先于2018年为LET-V2X直连通信分配了5.9GHz频段20MHz专用带宽之后，随着产业路径逐渐清晰，美国于2019年12月为C-V2X分配5.9GHz的20MHz频段，欧洲也由支持IEEE 802.11p转向技术中立。

表1-1 LTE-V2X相对于IEEE 802.11 p的技术优势

关键技术指标	IEEE 802.11 p	LTE-V2X
同步性	不同步	同步
信道编码	卷积码	Turbo 码
波形	OFDM	SC-FDM
资源复用	仅支持 TDM	支持 TDM 和 FDM
重传	不支持 00	支持 HARQ 重传
资源分配	CSMA/CA	基于感知的半持续调度
多天线	节点实现	支持分送分集

3GPP对车辆通信的增强进行了标准研究和开发。由大唐电信科技产业集团(以下简称"大唐")、华为技术有限公司(以下简称"华为")等中国企业和LG集团等国际公司牵头推动，3GPP分别于2017年3月和2018年6月正式发布R14、R15版本的LTE-V2X标准。3GPP于2018年6月启动NR-V2X标准化工作，于2019年3月完成研究项目，于2020年6月R16标准冻结；同期，3GPP启动R17研究，针对直通链路特性进一步增强。2022年6月9日，在匈牙利布达佩斯召开的3GPP TSG第96次会议上，3GPP R17标准宣布冻结，这标志着5G第二个演进版本标准正式完成。3GPP C-V2X标准研究进展如图1-5所示。

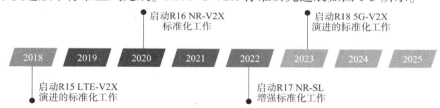

图1-5 3GPP C-V2X标准研究进展

1. LTE-V2X 标准进展

目前，3GPP已经完成R14版本LTE-V2X相关标准化工作，主要包括业务需求、系统架构、空口技术和安全研究4个方面。业务需求方面，目前已经定义了包含车与车、车与路、车与人以及车与云平台的27个用例和LTE-V2X支持的业务要求，并给出了7种典型场景的性能要求。系统架构方面，目前已经确定了在PC5接口的Prose和Uu接口的LTE蜂窝通信的架构基础上增强支持V2X业务，并明确增强架构至少要支持采用PC5传输的V2X业务和采用LTE-Uu的V2X业务。空口技术方面，目前已经明确了PC5接口的信道结构、同步过程、资源分配、同载波和相邻载波间的PC5和Uu接口共存、无线资源控制信令和相关的射频指标及性能要求等，并且研究了如何通过增强Uu传输与PC5传输来支持基于LTE的V2X业务。安全方面，目前已经完成了支持V2X业务的LTE架构增强的安全方面研究。

大唐研究团队基于4G LTE最早提出蜂窝通信与直通通信融合的LTEV概念和关键技

术。在蜂窝通信基础上,引入终端直通特性,支持V2V、V2I的直接通信,适应车联网应用低时延、高可靠传输要求。随后,大唐、华为等我国企业牵头在全球主流通信标准化组织3GPP中积极推动LTE-V2X标准化工作,于2017年3月完成R14 LTE-V2X标准化。LTE-V2X在帧结构设计、调制编码方案、资源复用、无线资源调度与管理、同步机制等方面进行了增强。R14 LTE-V2X主要面向的是基本安全业务,且仅支持直通链路(Sidelink)广播的通信方式。

2. LTE-eV2X标准进展

2017年底,3GPP完成了基于新空口(New Radio, NR)的5G标准第一个版本(R15),NR作为全新的无线传输技术,不需要考虑与LTE后向兼容问题,从而提供了更灵活的设计,能够满足更宽广的业务需求。LTE-eV2X是指支持V2X高级业务场景的增强型技术研究阶段(R15),目标是在保持与R14后向兼容性要求下,进一步提升V2X直通模式的可靠性、数据速率和时延性能,以部分满足V2X高级业务需求。标准TS22.886中已经定义了25个用例共计5大类增强的V2X业务需求,包括基本需求、车辆编队行驶、半/全自动驾驶、传感器信息交互和远程驾驶。目前,正在进行的"3GPP V2X第二阶段标准研究"主要包括了载波聚合、发送分集、高阶调制、资源池共享及减少时延、缩短传输间隔(TTI)的可行性及增益等增强技术。

随着自动驾驶等车联网增强应用的发展,业内对车联网增强应用的场景、用例及通信需求开展了大量讨论。R15 LTEe-V2X仍基于LTE技术设计,主要在Sidelink上引入了多载波操作、高阶调制、发送分集和时延缩减等新的技术特征,支持车联网增强应用。R15 LTEe-V2X从数据速率和传输时延上有所提升,但基于周期性基本安全业务的广播通信方式,不能满足下一代的V2X增强应用需求。

3. 5G-V2X标准进展

该阶段是指基于5G NR的技术研究阶段(R16+),用于支持V2X的高级业务场景。5G-V2X与LTE-V2X在业务能力上体现差异化,在5G-V2X支持更先进业务能力同时,也结合LTE能力,考虑对LTE-V2X增强。目前,3GPP已立项仿真方法研究的研究课题(RP-170837),该立项根据TR22.886制定的需求完成TR38.913和TR38.802中仿真方法的制定,包括仿真场景、性能指标和业务模型,涉及6GHz以上Sidelink的信道模型研究。

3GPP持续推动C-V2X标准化,于2018年中启动基于5G NR技术的R16 NR-V2X标准立项,并2020年6月完成技术标准研究工作。R16 NR-V2X是R14/R15 LTE V2X的持续演进,用来支持增强的车联网应用业务,需要在Side link上支持更灵活的V2X业务,同时提供更可靠、时延更短以及数据速率更高的通信服务。R17 NR-V2X于2019年12月立项,在2022年3月,3GPP就完成了R17的功能性冻结(完成系统设计);2022年6月则完成了R17 ASN.1协议冻结,进一步有效支持车联网增强应用。

(二)我国C-V2X发展现状

近年来,我国在汽车制造、通信与信息以及道路基础设施建设等方面均取得了长足的进步。汽车产业整体规模保持世界领先,自主品牌市场份额逐步提高,核心技术不断取得突破。信息通信领域涌现出一批世界级领军企业,通信设备制造商已进入世界第一阵营,在国际C-V2X、5G等新一代通信标准的制定中也发挥了越来越重要的作用。在国家基础设施建设方面,宽带网络和高速公路网快速发展,规模位居世界首位,北斗卫星导航系统可面向全国提供高精度时空服务。我国具备推动C-V2X产业发展的基础环境,能够进一步推动C-V2X技术的产业化发展和应用推广。

C-V2X在我国获得一系列政策的支持,产业界也积极推动产品研发、技术示范及先导应用,以C-V2X技术为核心已经形成了完整的产业生态。大唐、华为等我国企业在车联网技术标准、样机开发、产业合作、应用示范等方面已取得主导地位和领先优势,早在2017年就开展了LET-V2X通信设备的互联互通测试。2018年,我国率先实现了世界首例跨通信模组、跨终端、跨整车的互联互通示范。2019年,我国又举办了C-V2X"四跨"互联互通应用示范活动,在2018年"三跨"的基础上,重点增加了通信安全演示场景,有效试验验证了C-V2X通信安全技术解决方案,实现跨"模组—终端—安全认证服务—车厂"的全方位演示,充分体现了我国在C-V2X产业的领先性。

可以看出,C-V2X从技术角度分为LTE-V2X和NR-V2X,从应用角度可以分近期和中远期两个阶段。近期主要支持基本安全相关的业务,辅助驾驶、提升安全、提高交通效率;中远期将结合人工智能、大数据等新技术,融合雷达、视觉感知等技术,支持自动驾驶及更丰富的车联网增强应用。NR-V2X是LTE-V2X技术持续发展和演进的阶段,二者是互补关系。从车联网产业化角度,C-V2X在我国得到系列政策的支持,产业界也积极推动产品研发、技术示范及先导应用,以C-V2X技术为核心已经形成了完整的产业生态。我国于2018年11月率先为LTE-V2X直联通信划分了5.9GHz频段20MHz资源,引领国际车联网频谱规划。我国产业界率先完成基于R14 LTE-V2X标准的互联互通测试,并处于国际领先地位。C-V2X测试验证将加速C-V2X通信技术和产品的成熟,对于C-V2X规模化商用具有重要意义。中国信息通信研究院作为通信行业权威检测机构,具备完备的无线通信测试验证环境,已支持开展C-V2X终端设备的功能、性能和协议一致性测试。

1. C-V2X终端通信功能测试

中国信息通信研究院在IMT-2020 C-V2X工作组中组织制定《LTE-V2X终端通信功能测试规范(实验室)》《LTE-V2X性能测试规范(实验室)》,组织完成LTE-V终端直通互操作测试,实现了基于3GPPR14标准的LTE-V终端直通的异厂家互操作。

2. C-V2X终端网络层应用层一致性测试

依据《合作式智能运输系统专用短程通信 第3部分 网络层和应用层规范》(GB/T 31024.3—2019),中国信息通信研究院已建立C-V2X终端网络层应用层测试环境。在终端网络层应用层协议一致性测试方面,能够对包括网络层专用短程通信消息(DSM)、专用短程通信业务公告(DSA),应用层车辆基本安全消息(BSM)、地图消息(MAP)、路侧交通信息消息(RSI)、路侧安全消息(RSM)、信号灯消息(SPAT)等开展协议一致性测试。

3. C-V2X终端应用层功能测试

依据《合作式智能运输系统 车用通信系统应用层及应用数交互标准(第一阶段)》(T/SAE 53—2020),能够对前向碰撞预警(Front Collision Warning,FCW)、交叉路口碰撞预警(Intersection Collision Warning,ICW)、左转辅助(Left Turn Assistant,LTA)盲区预警、变道预警(Blind Spot Warning/Lane Change Warning,BSW/LCW)、逆向超车预警(Do Not Pass Warning,DNPW)、紧急制动预警(Emergency Brake Warning,EBW)、异常车辆提醒(Abnormal Vehicle Warning,AVW)、车辆失控预警(Control Lost Warning,CLW)、异常车辆提醒(Emergency Vehicle Warning,EVW)等应用场景进行功能验证测试。

(三)我国C-V2X产业发展路径

为了推动我国深度参与的C-V2X技术的快速发展,中国移动通信集团有限公司联合公安部交通管理科学研究所(以下简称交科所)、华为技术有限公司等产业合作伙伴,自2017年起在无锡市开展了全球首个C-V2X车联网城市级示范应用。

2017年,中国移动通信集团、交科所、华为、无锡市公安局交通警察支队(以下简称无锡交警支队)、一汽集团、大众奥迪汽车公司6家单位联合建成了全球首个真实开放交通环境下的C-V2X开放道路示范样板,覆盖无锡太湖博览中心周边3.7km开放道路,实现了与V2I、V2V相关的12个典型应用场景,充分验证了C-V2X的端到端关键技术与解决方案。

在2018年,由工业和信息化部公安部、江苏省政府和无锡市政府指导,中国移动通信集团、交科所、华为、无锡交警支队、中国信息通信研究院、江苏天安智联科技股份有限公司6家单位发起,联合产业上下游23家企业,继续在无锡市共同打造全球首个C-V2X车联网城市级规模应用,覆盖无锡市主城区240个路口,面积共计170km^2,实现40多项V2X应用场景,发展2.2万个用户。

2019年,无锡市获批成为首个"国家级的车联网先导区",同时,由中国移动通信集团牵头,联合交科所、华为、无锡市智发建设咨询有限公司成功申报工业和信息化部"车联网应用先导性综合服务平台"项目。依托该项目,完成无锡主城区280个路口的V2X智能化升级改造,在主城区形成连片的V2X服务,发展各类车联网用户近10万户。

1. C-V2X商用路标

我国当前C-V2X产业中,通信行业、汽车行业以及交通行业等产业链各方都在为C-V2X商用部署积极做准备,并已取得了长足的进展,芯片厂商、模组厂商、车厂等都对C-V2X产品商用部署进行了规划,相关的路标计划已输入5GAA组织中,5GAA对C2X(V2V/V2I)的商用部署已于2020年开始。

2. 技术试验分阶段开展

C-V2X技术包含LTE-V2X和5G-V2X,根据产业发展进度,分阶段进行技术试验:2019年之前集中产业力量推动LTE-V2X技术试验,推动产品成熟;2019年以后开展5G-V2X Uu技术试验,如图1-6所示。

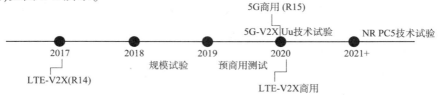

图1-6 C-V2X技术试验及商用推进计划

1）LTE-V2X

2018年6月开始规模试验测试,升级改造路侧基础设施,验证多用户情况下网络的组网性能以及典型车联网业务性能;2019年进行部分城市级基础设施改造,并开展预商用测试;2020年推动LTE-V2X商用,支持实现交通效率类智能出行服务商业化应用。

2）5G-V2X

2019年开始进行Uu技术试验,验证5G网络对于E-V2X部分典型业务场景的支持能力(主要以大带宽场景为主),制定低时延、高可靠的技术标准;2021年开始进行低时延、高可靠应用场景的技术试验,针对自动驾驶等典型应用验证网络性能。

3. C-V2X产业商用推进方式

C-V2X产业部署涉及汽车行业、交通行业和通信行业的深度融合,也涉及政府各部委之间的深度协同。为尽快推动C-V2X产业商用,选取交通基础设施信息化升级强烈的城市和高速公路,优先开展行业之间的示范应用,探索可行的商业模式。

在高速公路方面,从智慧高速公路建设方面介入C-V2X推进,即首先在智慧高速公路布设RSU和差分全球定位系统(Differential Global Positioning System,DGPS)基站,为高速公路行驶的已安装T-BOX/OBU的车辆提供安全服务应用支撑。在城市道路方面,我国目前正在大力推进智慧城市和智慧小镇建设,对交通基础设施进行信息化升级。C-V2X产业可借助此发展契机,在城市主干道布设RSU和差分GPS,协同布设4G/5G基站,以支持云端服务功能扩展,并逐渐向一般道路扩展,为城市道路行驶的已安装T-BOX/OBU的车辆提供安全服务应用支撑。

4. C-V2X产业商用推进路线

从C-V2X技术与发展成熟度来看,C-V2X产业商用整体推进路线可大致分为三个阶段:连接建立、能力增强、应用升级。

第一阶段:连接建立。C-V2X商用初期,终端渗透率较低,路侧基础设施还未全面升级改造,应考虑在汽车保有量大的热点城市主要城区道路,且交通基础设施信息开放条件好的区域进行C-V2X业务部署。通过引入PC5通信并降低Uu接口时延,提高通信的可靠性,实现V2V、V2I、V2N典型应用的推广和使用,增强用户对V2X技术的感知度及兴趣度。在大力发展前装产品同时,优先开发一些支持V2X的业务,为后续业务的扩展进行用户积累,提高终端渗透率。

第二阶段:能力增强。在第一阶段的基础上,车联网用户数不断增加,业务覆盖区域也将不断扩大,从部分热点区域的覆盖扩展至重点城市的全覆盖。为了支持不断扩展的用户,支撑更多的新应用(如高精度地图实时下载、高精度定位差分信号广播等),需要对网络进行优化升级,部署多级计算平台,提升数据传输效率,增强数据处理能力。

第三阶段:应用升级。在经过前两个阶段的不断积累与扩展后,车联网用户已经达到足够的渗透率,同时随着汽车产业的不断发展与成熟,车联网服务的终端已从辅助驾驶转向自动驾驶,车联网将迈入终极发展阶段,实现基于自动驾驶的协作式智能交通。因此,为满足超低时延、超高可靠性以及广覆盖的业务需求,将在网络侧引入5G-V2X技术,用于服务全国大中型城市。

基于 C-V2X 技术的车联网是跨产业跨行业融合的典范,也是汽车产业、通信产业和交通产业的重要发展领域。但就目前的产业局势来看,仍有诸多问题需要解决,包括技术、法规、政策、商业模式等。因此,产业各方应联合起来共同推动产业协同,加速国内车联网的发展与落地。

(四)国外 C-V2X 发展现状

1. 欧洲 C-V2X 推进进展

1)战略规划

欧盟委员会建立 C-ITS 平台以在车联网的部署中发挥更加突出的作用。该平台是一个包括国家主管部门、C-ITS 利益相关方和欧盟委员会在内的合作框架,以便在欧盟范围内部署可互联互通的 C-ITS 达成共识。C-ITS 战略的目标是促进整个欧盟范围内的投资和监管框架的融合,以达到从 2019 年开始部署 C-ITS 业务的目的。欧盟相关国家和道路运营管理机构为了协调部署和测试活动,建立了 C-Roads 平台,以共同制定和分享技术规范,并进行跨站点的互操作测试验证。

2)频谱与标准

2002 年,欧盟委托欧洲电子通信委员会(Electronic Communications Committee, ECC)将 5.795~5.805GHz 分配给初始的车对路系统,各国可以将频段扩展至 5.815GHz。2008 年,ECC 为安全类相关的 ITS 应用分配 30MHz 带宽(5875~5905MHz 频段),并建议将 5.905~5.925GHz 频段作为安全类相关的 ITS 应用的扩展频段。另外,ECC 还建议为非安全类相关的 ITS 应用分配 20MHz 带宽(5855~5875MHz 频段)。除了 5.9GHz 频段外,63~64GHz 频段(1GHz 带宽)也被分配给 ITS 应用以应对高级 ITS 应用对容量的需求,但由于传播特性差,迄今为止还没有技术或系统使用该频段。此外,ITS-G5 标准可采用 5470~5725MHz 免许可频段,与无线接入系统(RLAN)共享频谱。

欧洲车联网通信标准由欧洲电信标准协会(European Telecommunications Standards Institute, ETSI)制定,包括地理位置路由协议和用于支持在 5.9GHz 频段进行车与车通信的接入层协议,即 ITS-G5。ITS-G5 包括物理层和数据链路层。数据链路层分为两个子层:介质访问控制和逻辑链路控制。物理层和介质访问控制子层基于 IEEE 802.11 演进而来,逻辑链路控制子层基于 IEEE 802.2 演进而来。ITS-G5 还引入了分散式拥塞控制,以避免网络过载。

2. 美国 C-V2X 推进进展

1)战略规划

美国政府在 2015 年推出了 ITS 的五年(2015—2019 年)规划。规划主题为"改变社会前进方式",技术目标是实现网联汽车应用和加快自动驾驶。五年规划定义了 6 个项目大类,即:加速部署、网联汽车、自动驾驶、新兴能力、互操作和企业数据。顶端的加速部署代表了所有项目的最终目标,网联汽车、自动驾驶和新兴能力是技术发展的三条路径,互操作和企业数据是 ITS 发展的基石。

为了推动车-车通信技术发展和美国后续的立法决策,美国运输部在密歇根州安娜堡东北部主导了基于车-车、车-路通信技术的"安全试点示范部署"项目。在"安全试点示范部署"项目测试验证的基础上,2014 年 8 月美国国家公路交通安全管理局公布了车-车通信预立法草案,并于 2016 年启动了 NPRM 过程,即 Federal Motor Vehicle Safety Standard(FMVSS)No.150,用来强制轻型汽车 V2V 通信。其主要内容包括:提出强制基于 IEEE 802.11p 的 V2V 通信,指定 BSM 消息内容,指定 V2V 通信性能要求,指定隐私与安全要求,指定设备授权系统。

上述 NPRM 收到了上百个有效公众反馈,可概括为 4 类:支持强制基于 IEEE 802.11p 的 V2X 通信;支持 C-V2X 作为备选技术,认可 C-V2X 技术对于汽车行业未来发展的重要性,并得到了来自 OEM 和行业组织的明确支持;对安全和隐私方面的顾虑;汽车行业要求延迟 1 年启动法规实施,以及推迟 1 年全面强制实施,这有助于推动 C-V2X 商用市场。

2)频谱与标准

在频率分配方面,1999 年,美国 FCC 率先为基于 IEEE 802.11p 的 ITS 业务在 5.9 GHz 频段划分了 5.850~5.925GHz,共计 75MHz 频率,共 7 个信道(每个信道 10MHz)。其中,172 号信道(5855~5865MHz)被指定为提供安全应用的车-车通信专用信道,178 号信道(5885~5895MHz)为控制信道。美国还考虑在 176 号信道上开展一些提供 V2P 应用以及其他业务的试验。21 世纪初开始,美国开展了车联网标准的研究和制订工作。美国的车联网标准体系由 IEEE 和 SAE 共同完成,包括了 IEEE 802.11p、IEEE 1609 和 SAE J2735、J2945 等标准。

为了推动 C-V2X 的发展,2017 年,SAE 专门成立了 C-V2X 技术委员会,旨在推动 SAEC-V2X 相关标准和产业化工作。SAE 针对 C-V2X 制定类似 J2945.1 的车载 V2V 安全通信技术要求标准(J3161),在 2018 年底完成了所有标准化工作。

3. 日本 C-V2X 推进进展

1)战略规划

日本政府重视自动驾驶汽车和车联网的发展,在政策、标准等方面为其发展提供了有利的条件。日本政府于 2016 年发布高速公路自动驾驶和无人驾驶的实施路线报告书,明确期望于 2020 年在部分地区实现自动驾驶功能。另外,日本内务和通信部积极组建研究组来推进车联网发展。

日本工业界对车联网的发展积极进行产业推进,在技术评估、测试等方面已经形成跨行业合作的态势。在车联网技术评估方面,日本汽车工业协会定义了车联网的潜在用例。与此同时,日本跨部委战略创新促进计划也在评估无线接入技术实现车联网用例的有效性;日本智能交通系统信息交流论坛也在组织进行 IEEE 802.11p 和 LTE-V2X 的技术性能评估。在车联网测试方面,日本已经进行了多个车联网联合测试。2018 年 1 月初,汽车企业、电信企业和 ITS 公司发布官方声明称在日本进行 C-V2X 测试,大陆集团、爱立信、日产、NTT、OKI 和高通将携手测试 R14-V2X 设备间直接通信技术的性能以及 LTE1A 网络对 V2X 通信的辅助作用,这次测试结果将反馈到 ITS 相关组织和政府部门,推进 C-V2X 的发展。

2)频谱与标准

日本总务省在 20 世纪 90 年代末将 5770~5850MHz 划分为 DSRC 信道,主要用于车辆信息和通信系统、电子通信系统。2012 年 2 月,日本无线工业及商贸联合会发布的规范

ARBI STD-T109 中将 755.5～764.5MHz 频段划给 ITS 的道路安全应用，带宽为 9MHz，中心频率为 760MHz。目前，在 5800MHz 频段中除去电子不停车收费系统（Electronic Toll Collection，ETC）占用的频谱，仍存在潜在频谱供更多的 ITS 技术使用，如 C-V2X。

4. 韩国 C-V2X 推进进展

1）战略规划

韩国在智能交通领域的终极发展目标是在全国范围内实现智能道路交通系统，即通过连接车、路和人，实现高度的自动化和交通资源利用最大化。目前的发展规划是在 2040 年之前实现基于连接路与一切交通功能实体的智能交通系统。其中，短期计划是截至 2020 年，重点实现交通事故多发地段的智能交通功能，部署智能道路交通试点，实现交通事故 100% 现场处理，将交通事故伤亡率降低 50%；中期计划是截至 2030 年，重点在高速公路和市区实现智能道路交通，保证 100% 动态环境检测，并确保零交通事故伤亡；长期计划是截至 2040 年，在高速公路网实现智能道路交通，在市区实现 100% 智能交通，实现零交通事故。

自 2014 年下半年起，韩国已开始在全国多个地区部署智能交通试点。第一阶段的试点部署主要集中在高速公路、国家级公路和大田市、世宗市的市内道路（共计 87.8km），已完成公共安全应用和安全系统开发、安全性能测试、经济效益分析、技术标准化、设备验证及立法完善等工作。按计划，第二阶段试点部署工作已经开始实施，主要集中在首尔环城公路、京釜快速路、首尔市区以及济州岛的高速公路和主干线，期望能够在高速公路上提供前向碰撞及拥塞预警、慢行和静止车辆预警、隧道内高精度定位、危险货车及超载车辆处理、施工区域及施工车辆预警、路面破损预警、道路天气预警和应急车辆预警等业务。上述试点均计划采用 IEEE 802.11 标准扩充的通信协定 WAVE（Wireless Access in Vehicular Environment）作为主要的车辆通信技术，同时以 LTE 和 5G 蜂窝通信技术作为补充。

2）频谱与标准

频率分配方面，韩国于 2016 年分配 5855～5925MHz 共 70MHz 频率用于支持智能交通中车辆安全相关应用的 V2V 和 V2I 通信，上述 70MHz 频率以 10MHz 为粒度划分为 7 个独立信道。其中，5895～5905MHz 用于控制信道，其他 6 个信道均用于数据信道。另外，韩国电信技术协会 TTA 制定了 4 项车辆无线通信标准。随着 5G 标准化的推进和完善，韩国也在考虑利用 5G 蜂窝通信系统高速率和低时延优势进一步提高车辆通信的性能。

虽然在 V2X 技术路径选择上，欧洲、美国、日本、韩国都有着不同侧重的考虑，各地区的技术研发、产业推广进展也各不相同，但是各方都已经将 V2X 技术发展看作是未来技术创新、产业培育和交通运输服务变革的重要方向，纷纷从出台顶层设计规划、开展技术试验和推进应用示范等多个方面加快 C-V2X 技术成熟和推广，相关成功经验都是我国在探索发展 C-V2X 过程中值得借鉴的。

国际社会的顶层设计规划呈现出三大特点：一是将 V2X 及相关产业视为战略性新兴产业，在国家层面开展顶层设计；二是将 V2X 等新一代信息技术与传统汽车、交通等的融合创新发展；三是强制立法对部分重点领域大力推动和强力引领。国际社会通过开展 V2X 技术试验和应用示范，拥有了大量的数据集。这些数据集一方面可以用于 V2X 技术通信性能和应用功能有效性的分析，另一方面可以进行与汽车、交通的应用融合示范和协同发展研究。

然而,国际社会普遍在技术路线选择上仍处于犹豫状态。美国 NPRM 收到众多反馈信息希望将 C-V2X 作为备选技术,欧盟认为 C-ITS 需要混合通信方式的支持,因此,它们分别基于 IEEE 802.11p 和 C-V2X 技术开展互操作测试。日本也将 5770~5850MHz 候选频段采取技术中立,将 LTE-V2X 作为另一个备选技术。这也为我国推进 C-V2X 发展、实现技术创新和产业发展的赶超提供了契机。

三 C-V2X 领域常见术语

(一)定义

(1)合作式智能运输系统(Cooperative Intelligent Transportation Systems,C-ITS)。合作式智能运输系统是通过人、车、路信息交互,实现车辆和基础设施之间、车辆与车辆之间,车辆与人之间的智能协同与配合的一种智能运输系统。

(2)系统延迟(System Delay)。系统延迟是指从远车或路侧单元等设备发送通信数据,到主车接收该数据并通过网络层进行信息处理后传递给应用层的时间。

(3)主车(Host Vehicle,HV)。主车是指装有车载单元且运行应用程序的目标车辆。

(4)远车(Remote Vehicle,RV)。远车是指与主车配合能定时广播 V2X 消息的背景车辆。

(5)车载单元(On Board Unit,OBU)。车载单元是指安装在车辆上的可实现 V2X 通信、支持 V2X 应用的硬件单元。

(6)路侧单元(Road Side Unit,RSU)。路侧单元是指安装在路边的可实现 V2X 通信、支持 V2X 应用的硬件单元。

(7)V2X。V2X 是指车载单元与其他设备通信,包括但不限于车载单元之间通信(V2V);车载单元与路侧单元通信(V2I);车载单元与行人设备通信(V2P);车载单元与网络之间通信(V2N)。

(二)缩略语

C-V2X 领域常见缩略语见表 1-2。

C-V2X 领域常见缩略语　　　　表 1-2

序号	英文缩略语	英文全称	中文含义
1	3GPP	the 3rd Generation Partnership Project	第三代合作伙伴项目
2	4G	the 4th Generation Mobile Communication Technology	第四代移动通信技术
3	5G	the 5th Generation Mobile Communication Technology	第五代移动通信技术
4	5GAA	5G Automotive Association	5G 汽车联盟
5	ABS	Anti-lock Braking System	防抱死制动系统
6	ADAS	Advanced Driving Assistance System	高级辅助驾驶系统
7	ADS	Application Data-Exchange Service	应用数据交换服务

续上表

序号	英文缩略语	英文全称	中文含义
8	API	Application Programming Interface	应用程序编程接口
9	ASN.1	Abstract Syntax Notation One	抽象语法标记
10	AVW	Abnormal Vchicle Warning	异常车辆提醒
11	BSM	Basie Safely Message	基本安全消息
12	BSW/LCW	Blind Spot Waring / Lane Change Warning	盲区预警/变道预警
13	CA	Certificate Authority	证书授权
14	CAV	Collision Avoidance Range	防撞距离
15	C-ITS	Cooperative-Intelligent Transportation System	合作智能交通系统
16	CLW	Control Lost Warning	车辆失控预警
17	C-V2X	Cellular Vehicle to Everything	蜂窝车联网
18	CSAE	Sociecly of Automotive Engineers of China	中国汽车工程学会
19	D2D	Device to Device	设备到设备
20	DE	Data Element	数据元素
21	DF	Data Frame	数据帧
22	DME	DSRC Nanagement Entity	专用短程通信管理实体
23	DNPW	Do Not Pass Warning	逆向超车预警
24	DSM	DSRC Short Message	专用短程通信短消息
25	DSRC	Dedicated Short Range Communication	专用短程通信
26	DTI	Distance-to-Intersection	到交叉口的距离
27	EBW	Emergency Brake Warning	紧急制动预警
28	eCall	Emergency Call	紧急呼叫
29	ESP	Electronic Stability Program	车身电子稳定系统
30	ETC	Electronic Toll Collection	电子不停车收费系统
31	ETSI	European Telecommunications Standards Institute	欧洲电信标准化协会
32	EVW	Emergency Vehicle Warning	紧急车辆提醒
33	FCW	Forward Collision Warning	前向碰撞预警
34	GB	Guo Biao（Nation Standard）	中国国家标准
35	GLOSA	Green Light Optimal Speed Advisory	绿波车速引导
36	GNSS	Global Navigation Satellite System	全球导航卫星系统
37	GPS	Global Positioning System	全球定位系统
38	HLN	Hazardous Location Warning	道路危险状况预警
39	HMI	Human Machine Interface	人机交互界面
40	HUD	Head Up Display	抬头显示

续上表

序号	英文缩略语	英文全称	中文含义
41	HV	Host Vehicle	主车
42	ICW	Intersection Collision Warning	交叉路口碰撞预警
43	ID	Identification	标识
44	ISO	International Standards Organization	国际标准化组织
45	ITS	Intelligent Transport Systems	智能交通系统
46	IVS	In-Vehicle Signage	车内标牌
47	LDPC	Low Density Parity Check	低密度奇偶校验
48	LDW	Lane Departure Warning	车道偏离预警系统
49	LTA	Left Turn Assistant	左转辅助
50	LTE-V2X	Long Term Evolution-Vehicle to Everything	基于LTE的车载设备与其他设备通信
51	MEC	Multi-access Edge Computing	多接入边缘计算
52	MSD	Minimum Set of Data	最小数据集
53	OBU	On-Board Unit	车载单元
54	P2P	Point to Point	点对点
55	RSA	Road Side Alert	路侧单元发布的交通事件消息
56	PSAP	Public Safety Answering Point	公共安全应答点
57	RSM	Road Side Message	路侧单元消息
58	RSU	Road Side Unit	路侧单元
59	RV	Remote Vehicle	远车
60	SAE	Society of Automotive Engineers International	美国汽车工程师学会
61	SLW	Speed Limit Warning	限速预警
62	SPAT	Signal Phase and Timing Message	信号灯消息
63	SPI	Service Provider Interface	服务提供者接口
64	SVW	Signal Violation Warning	闯红灯预警
65	TC	Target Classification	目标分类
66	TCS	Traction Control System	牵引力控制系统
67	TJW	Traffic Jam Warning	前方拥堵提醒
68	TTC	Time-to-Collision	碰撞预计时间
69	TTI	Time-to-Intersection	到达交叉口预计时间
70	UPER	Unaligned Packet Encoding Rules	非对齐压缩编码规则
71	V2I	Vehicle to Infrastructure	车载单元与路侧单元通信
72	V2P	Vehicle to Pedestrians	车载单元与行人设备通信
73	V2V	Vehicle to Vehicle	车载单元之间通信

续上表

序号	英文缩略语	英文全称	中文含义
74	V2X	Vehicle to Everything	车载单元与其他设备通信
75	VIN	Vehicle ID Number	车辆识别码
76	VNFP	Vehicle Near-Field Payment	汽车近场支付
77	VRU	Vulnerable Road User	弱势交通参与者
78	VRUCW	Vulnerable Road User Collision Warning	弱势交通参与者碰撞预警

技能实训

实训项目 C-V2X的发展、系统架构与应用认知

课程名称：＿＿＿＿＿＿＿ 日期：＿＿＿＿＿＿＿ 成绩：＿＿＿＿＿＿＿

学生姓名：＿＿＿＿＿＿＿ 学号：＿＿＿＿＿＿＿ 班级：＿＿＿＿＿＿＿

任务载体	车载5G NR V2X通信模组（OBU）、路侧5G NR V2X通信模组（RSU）、5G智能网联车辆管理系统、定区域自动驾驶功能车辆、5G基站、C-V2X产业政策	
任务目标	1. 能列举C-V2X产业目前的发展，并查询近期的相关政策 2. 能列举C-V2X的相关标准，并查询目前已经发布的标准 3. 能够根据区域内已有C-V2X应用场景简单分析其系统架构	
项 目	步 骤	操作记录
1.方案制作	1. 查询并收集C-V2X目前的发展情况及相关政策	
	2. 查询并收集C-V2X至今所发布的标准	
	3. 区域内已有的C-V2X应用场景识别与分析	
2.试验内容选择	1. 列举C-V2X的相关政策，并简单分析其对发展C-V2X的影响	
	2. 列举C-V2X的相关标准，并简单分析其对发展C-V2X的影响	
	3. 对区域内已有的C-V2X应用场景识别与架构分析	
3.实景测试	1. 识别区域内已有的C-V2X应用场景	
	2. 分析区域内已有的C-V2X的系统架构	
	3. 分析区域内已有的C-V2X所能实现的核心功能	
4.实训评价	1. 根据试验内容选择评价指标	
	2. 根据试验内容选择评价实施方法	
	3. 对整个实训内容进行评价总结分析	

模块一 C-V2X概述

续上表

小组互评 第___组	组员学号				
	组员姓名				
	互评分				
教师考核					

思考与练习

一、判断题

1. "云控系统"有助于实现车辆行驶和交通运行安全、效率等性能的综合提升。（   ）
2. 自动驾驶中的环境感知通过路侧传感器完成对周围环境的探测以及定位功能。
（   ）
3. C-V2X 从技术角度划分包括 LTE-V2X 和 NR-V2X。（   ）
4. 单车智能技术难以实现智能网联汽车的全局优化。（   ）

二、选择题

1. 云控基础平台由边缘云、(   )与中心云三级云组成，形成逻辑协同、物理分散的云计算中心。

　　A. 区域云　　　　B. 区块云　　　　C. 边界云　　　　D. 整体云

2. V2X 中的 X 代表(   )。

　　A. 通信技术　　　　　　　　　　B. 任何与车交互信息的对象

　　C. 基础设施　　　　　　　　　　D. 其他车辆

3. NR-V2X 与 LTE-V2X 技术二者是(   )关系。

　　A. 竞争　　　　B. 互补　　　　C. 替代　　　　D. 平行

三、简答题

1. 单车智能自动驾驶和网联自动驾驶的不同点是什么？
2. 何为 V2X？V2X 包含几种典型的信息交互模式？
3. 我国发展 C-V2X 的优势有哪些？

模块二 C-V2X与车路协同关键技术

 学习目标

▶ 知识目标

1. 能列举 C-V2X 的主要通信方式及优势；
2. 认识车路协同技术的性能要求；
3. 能列举车联网的隐私保护方案；
4. 分析道路交通运行感知体系；
5. 分析车路协同技术在交通信号控制系统的应用。

▶ 技能目标

1. 能描述 5G 技术下车辆协同自动驾驶下的技术路线；
2. 能结合测试方法完成通信测试；
3. 能辨别单车智能驾驶与车路协同在感知、通信、交通等技术方面的区别；
4. 运用车路协同完成自动驾驶。

▶ 素养目标

通过实际测试实训，培养严谨的工作作风和精益求精的工匠精神。

 建议课时

8 课时

一 V2X 技术

V2X 是一种网状网络，网络中的节点（智能汽车、智能信号灯等）可以发射、捕获并转发信号。利用 V2X，车辆可以获取周围环境的未知参数及附近车辆的运行状态，这些状态包括速度、位置、行驶方向、制动等基本的安全信息。车载端主动安全算法将处理所获取的信息，按照优先级对信息进行分类，对可能发生的危险情景进行预警，紧急情况下可以利用车辆执行端对车辆进行控制从而规避风险。V2X 技术开启了对车辆四周的 360° 智能感知，这一技术能够在各种危险情况下提醒驾驶人注意安全，从而大大减少汽车碰撞事故的发生，缓解交通拥堵。

(一) C-V2X 车载通信技术

C-V2X 针对车联网应用场景,定义了两种通信方式:广域蜂窝式与短程直通式,分别为集中式(C-V2X-Cell)与分布式(C-V2X-Direct)。C-V2X 提供两种通信接口,一种是车、人、路之间的短距离直接通信接口(PC5),另一种是终端和基站之间的通信接口(Uu),可实现长距离和更大范围的可靠通信。C-V2X 直接通信可提供扩展的通信范围和增强的可靠性,而不依赖蜂窝网络的协助或覆盖。当支持 C-V2X 的终端设备(如车载终端、智能手机、路侧单元等)处于蜂窝网络覆盖内时,可在蜂窝网络的控制下使用 Uu 接口;无论是否有网络覆盖,均可以采用 PC5 接口进行 V2X 通信。C-V2X 将 PC5 接口与 Uu 接口相结合,彼此相互支撑,共同用于 V2X 业务传输,形成有效的冗余来保障通信可靠性。C-V2X 一般由 OBU、RSU、行人、基站 eNB、云服务器等组成。C-V2X 的两种通信接口如图 2-1 所示。

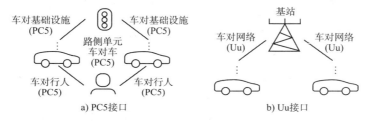

图 2-1 C-V2X 的两种通信接口

直通方式是指车与车、车与路、车与人间通过 PC5 接口实现直接通信,这种通信方式满足了自动驾驶低时延高可靠、节点高速运动、隐藏终端等传输要求。蜂窝方式是指终端和基站之间通过 Uu 接口通信,利用基站作为集中式的控制中心和数据信息转发中心,由基站完成集中式调度、拥塞控制和干扰协调等,可以明显提高 C-V2X 的接入和组网效率,保证业务的连续性和可靠性。蜂窝通信和直通通信两种模式优势互补,通过合理分配系统负荷,自适应快速实现车联网业务高可靠性和连续通信。C-V2X 在 LTE 蜂窝网络的基础上,在帧结构、最大发射功率、拥塞控制、信息安全机制等方面优化了系统性能。采用感知信道与半持续调度结合的分布式资源调度机制,在兼顾其他发送节点的需求和业务的周期性严苛要求下,既减少了系统干扰,也减少了信令开销,同时还提高了信息传输的可靠性。相比于 DSRC,C-V2X 具有更高的链路预算、系统性能、覆盖范围、移动性支持和可靠性。同时,C-V2X 支持不同网络参与者之间的实时、低延迟通信,可以提供从 LTE 到 5G 的演进路径。

1. PC5 接口关键技术

PC5 接口以 LTE 标准中的设备间邻近通信服务为基础,可以实现 250km/h 的高速和高密度通信,支持无 LTE 网络覆盖下通信,LTE-V2X 同时支持基站和 GNSS 的时间同步。PC5 接口允许用户在有或没有网络覆盖的条件下彼此间直接广播消息。PC5 接口具有低延时、覆盖范围小特点,适合交通安全类、局域交通效率类业务。PC5 接口定义了车辆间的直接通信方式,在 3GPP R12 版本上进行了多方面的增强,支持车辆间车辆动态信息(如位置、速度、行驶方向等)的快速交换和高效的无线资源分配机制。

(1)物理层结构增强,以便支持更高速度。为了在高频段下支持高达 500km/h 的相对移动速度,解决高多普勒频率扩展以及信道快速时变的问题,C-V2X 对物理层结构进行了增强。

(2)支持 GNSS 同步。为了保证通信性能,C-V2X 的接收机和发射机需要在通信过程中保持相互同步。C-V2X 可支持包括 GNSS、基站和车辆在内的多种同步源类型,通信终端可通过网络控制或调取预配置信息等方式获得最优同步源,以尽可能实现全网同步。

(3)更加高效的资源分配机制以及拥塞控制机制。C-V2X 作为核心技术,PC5 接口支持调度式的资源分配方式(TM3)和终端自主式的资源分配方式(TM4)。

2. Uu 接口关键技术

Uu 接口利用 LTE 广播,通过 V2X 服务器中转,把信息传送到另一个节点。通过 LTE 方式,无线基站对 V2V 数据的调度和接口的管理进行辅助。Uu 接口具有广覆盖、可回传到云平台特点,适合信息娱乐类、远距离的道路危险或交通状况、延迟容忍安全消息等业务类型。Uu 接口需要基站作为控制中心,车辆与基础设施、其他车辆之间需要通过将数据在基站进行中转来实现通信,它支持大带宽、大覆盖通信,满足 Telematics 应用需求。C-V2X 在 Uu 空口上对以下功能进行了增强:

(1)上下行传输增强。上行传输支持基于业务特性的多路半静态调度,在保证业务传输高可靠性需求的前提下可大幅缩减上行调度时延;下行传输针对 V2X 业务的局部通信特性,支持小范围广播,支持低延时的单小区点到多点传输和多播/组播单频网络。

(2)多接入边缘计算研究。针对具备超低时延、超高可靠性传输需求的车联网业务(如自动驾驶、实时高清地图下载等),C-V2X 可以采用多接入边缘计算技术。

3. LTE-V2X 通信频段

3GPP TR36.785 定义了 LTE-V2X 的通信频段 PC5 接口协议,主要采用 E-UTRA47 专用载波频段,信道带宽有 10MHz、20MHz 两种。V2X UE 发射和接收频率为 5855~5925MHz。我国的车联网频率范围为 5905~5925MHz。

4. LTE-V2X 传输模式

在 3GPP RAN#73 会议上,列举了两种用于 V2V 通信的传输模式:

(1)传输模式 TM3。借助基站 eNB,通过控制信令接口 Uu 实现 V2V 数据的调度和接口管理。在这种情况下,采用动态的方式进行资源的调度,车与车之间采用 PC5 接口通信,利用 GNSS 进行时间同步。

(2)传输模式 TM4。V2V 数据调度和接口的管理基于车与车之间的分布算法实现。利用 GNSS 进行时间同步。

(二)C-V2X 通信的优势

1. 覆盖面更广

相比十几米的雷达探测范围,C-V2X 的 300~500m 通信范围要远得多,前方障碍物、身旁和身后的建筑物、车辆都会互相连接,大大拓展了驾驶人的视野范围,使驾驶人能获得的信息更多、更立体。

2. 有效避免盲区

由于所有物体都接入互联网,每个物体都会有单独的信号显示,因此,即便是视野受阻,通过实时发送的信号也可以显示视野范围内看不到的物体状态,从而降低了盲区出现的概率,充分避免了因盲区而形成的潜在危险。

有效避免盲区

二 车路协同的自动驾驶技术

(一)概述

相比单车智能,采用车路协同的自动驾驶技术可以进一步提升驾驶安全性,并且降低自动驾驶的实现成本。典型的驾驶行为过程主要包括感知、决策和控制三个阶段。其中,车路协同对自动驾驶的主要作用体现在前两个阶段。

车路协同

感知阶段是后续各个阶段的基础。在车路协同的自动驾驶技术中,近程可视环境的感知由汽车自身完成,而中远程及非可视环境的感知可通过车路协同系统来完成,一方面,感知系统能获得更丰富的外部信息,甚至是看不到的信息,从而预留更充足的判断和操作时间,提升安全性和可靠性;另一方面,技术依赖从汽车自身转移到车路协同系统上,可以使车辆降低对高精度传感器的依赖,并降低辅助驾驶、自动驾驶的计算复杂度,从而大大降低自动驾驶车辆的成本。

在决策阶段,通过车路协同,车与车之间、车与基础设施之间可以直接共享驾驶意图,而不需要基于车辆行为进行见解判断,这也能够缩短判断决策时间,提升判断的准确性,最终提升驾驶的安全性。

车路协同系统主要采用先进无线网络通信方式和新一代互联网信息技术,全过程、全方位和全要素地实现汽车和道路边建筑的协同发展,高效率实现对车-车、车-路和人-车的动态控制与信息交互,在全过程驾驶行车中达到时空交错下的信息采集和高效融合。开展车路协同安全和道路协同管理,使自动驾驶这一安全目标得以实现。图 2-2 为典型的车路协同系统架构示意图。

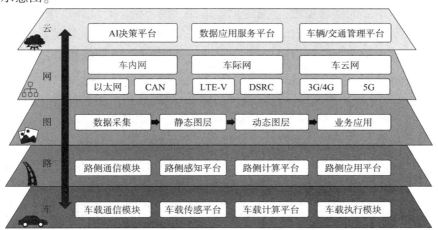

图 2-2 典型的车路协同系统架构示意图

(二)车路协同发展过程及性能需求

1. 车路协同系统的发展

纵观我国车路协同系统发展过程可知,我国车路协同系统主要经历了辅助信息交流沟通、协调感知和协调决策与控制三大阶段,体现了基于5G信息技术逐步提升车路协同系统的信息交互能力和智能化程度的过程。在路旁相关数据信息的交互使用过程中,可基于信息广播实现车路协同服务以及车路、人车数据信息交换,为车车碰撞、道路施工障碍信息提醒等奠定基础。在人车、车车和车路的协同感知发展阶段,主要基于简单的车路协同网络体系,为驾驶人提供闯红灯提醒、特种车服务优先提醒等信息。基于5G较高带宽和较快速度的信息发展服务,实行高精确度的地图控制和远程监管。总之,基于5G信息技术的协同决策和控制,主要基于人车、车车和车路的协同信息交互与感知,实现智能驾驶及通信,实现高速度数据信息下载甚至广域范围内全方位信息覆盖,为智能行车提供服务。

2. 典型场景与网络性能指标

车路协同发展系统应用场景主要可概括为以增强用户体验感为核心、以车辆驾驶顺畅度提升为核心和以车路协同系统发展为核心的三大结构,分别分为信息服务类应用、汽车智能类应用和智慧交通类应用三大类别。以车辆驾驶安全为核心的智能汽车感知,在车辆安全运行过程中主要与智能化、信息化和数字化相关,利用车载传感器和周边路旁车辆行驶时建筑环境变化收集数据信息,实现动态识别,便于结合地图上数据信息进行系统优化与分析,保障车辆行驶安全、行驶效率和智能程度。

C-V2X应用场景

(三)基于5G技术的车路协同自动驾驶技术架构

5G信息技术支撑下的车路协同自动驾驶技术依托数据信息的快速发展,通过车内数据信息、车车数据信息、车路数据信息、人车数据信息和服务设备,实现对汽车行驶数据信息的全方位、全过程和全要素连接,达成数据信息的高效交互与沟通,从而为自动驾驶汽车提供综合服务,形成电子数据信息系统、信息通信和道路交通等诸多行业深度融合的新型产业发展格局,为推动智能交通和促进自动驾驶信息技术的快速提升奠定坚实基础。5G车路协同自动驾驶技术,依托第五代信息网络通信系统,实现高精确度的定位技术、五维时空融合技术、边缘云协同技术和边缘云平台计算等功能,构建边缘云端等分层网络架构体系,建立智能化程度较高的可靠车联网通信,实现车辆数据的实时更新和高精确度定位,为车联网信息的安全和高效率服务。图2-3为5G车路协同自动驾驶技术路线。

1.5G车路协同自动驾驶的关键技术

基于5G信息技术的车路协同,主要依赖于高精确度的定位技术、五维时空信息融合技术、5G边缘计算技术和5G网络边云协同的整体方案,实现人、车信息的高效交互和保障自动驾驶的安全性。在五维时空信息融合技术应用过程中,主要利用道路数据信息、车载传感器、激光扫描仪、毫米波雷达和摄像头等诸多设备获取自动驾驶汽车周边范围内所有交通网络系统参与者的全面的数据信息,结合5G网络通信地图,确保较高速度和较高下载量,利用北斗卫星系统的准确定位、多传感器高精确度同步和数据信息的高效交互与融合感知功能，满足自动驾驶业务需求而提供建模可能。

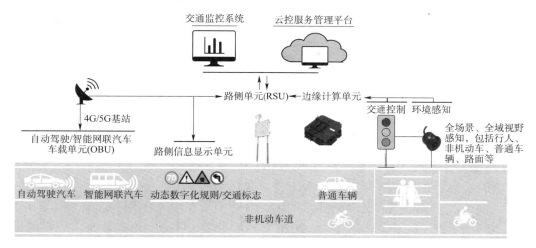

图 2-3　5G 车路协同自动驾驶技术路线

2.5G 车路协同自动驾驶整体架构

基于 5G 信息技术的车路协同自动驾驶，包括车路协同自动驾驶前端设备、通信网络设备、边缘云设备等诸多核心体系。图 2-4 为某公司提出的基于 5G 网络信息技术的车路协同自动驾驶总体架构示意图。车路协同与自动化驾驶前端设备在应用中主要依赖于智能汽车和路边智能设备连接，利用智能汽车的感知能力、决策能力、控制能力和数据信息的交互能力，通过传感器集成技术对周边环境进行感知，将有用信息用于汽车自动行驶，并将感知到的数据信息传递给边缘层，自动驾驶车辆则在接收边缘层传递数据信息后辅助决策，为汽车智能运行提供可能。

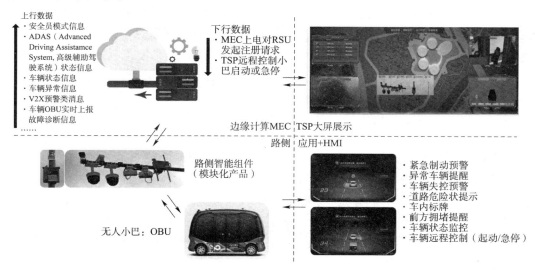

图 2-4　某公司基于 5G 网络信息技术的车路协同自动驾驶总体架构示意图

三 车联网安全隐私技术

(一)智能汽车安全事件

目前,已出现了针对车联网车载信息服务 Telematics 的网络攻击事件,导致驾驶人的生命安全遭到威胁。据汽车网络安全公司 Upstream Security 发布的《2020 年汽车网络安全报告》显示,自 2016 年以来,车联网网络安全事件数量增长了 605%,仅 2019 年就增长了一倍以上。

智能汽车网络安全事件

近年来,车联网网络攻击事件频发。2015 年,克莱斯勒 Jeep 车型被入侵,利用 Linux 系统漏洞,远程攻击控制器并修改固件,获得 CAN 总线发送指令权限,实现远程控制动力系统和制动系统,造成克莱斯勒召回 140 万辆汽车。2016 年,安全专家借助入侵用户手机,窃取特斯拉 App 账户的用户名和密码,通过特斯拉 TSP 平台对车辆进行追踪定位,成功破解了特斯拉自动驾驶系统,并远程解锁起动。2016 年 9 月,腾讯科恩实验室宣布实现对特斯拉 Model S 的远程无物理接触破解,成功远程遥控车辆的门锁、灯光、座椅、中控大屏,并实现任意车身和行车控制。2017 年,安全专家发现通过嗅探并捕捉斯巴鲁汽车钥匙系统所发出的系统包,可以利用数据包推测出车辆钥匙系统下一次生成的序列码,并可克隆出一模一样的汽车钥匙。2018 年,安全专家发现大众、奥迪汽车存在安全漏洞,攻击者借助车载信息娱乐系统漏洞,向 CAN 总线发送指令远程访问麦克风、扬声器和导航系统。2019 年,梅赛德斯奔驰在美国的应用程序出现严重安全漏洞,导致车主的账户和车辆信息泄露。

因此,在传统的汽车功能安全、碰撞安全、电气设备安全的基础上,车联网安全的重要性已日渐凸显。在车路协同场景中,车-路、车-车通信将成为路况信息传递、驾驶环境交互的重要途径。一旦存在恶意节点破坏,如假冒车辆终端、假冒基础设施,或通过阻断、伪造、篡改、重放通信消息,破坏消息的真实性,则可能会影响车辆驾驶安全,破坏正常交通状况。此外,车联网数据中可能包括用户身份信息、汽车运行状态、用户驾驶习惯、地理位置信息等敏感信息,这些信息具备很高的商业价值,也是车联网安全隐私保护的重点。

(二)车联网概述

1. 网络模型

车载自组织网络是一种以车辆和路边基础设施为网络节点的移动自组织网络,旨在提高道路安全效率和为驾驶人提供超视距的驾驶体验。如图 2-5 所示,车联网主要可信中心 (Trust Authority,TA)、RSU 和 OBU 由三个实体组成。TA 是车联网最高权威机构,也是车联网中可信任的第三方认证中心,负责对 RSU 和 OBU 进行身份的注册、分发和撤销,并在必要时能够追溯车辆的真实身份。TA 是唯一一个可以有权利去追溯用户真实身份的机构。

沿着道路部署的 RSU,通过 DSRC 与车辆进行 V2I 通信,是车辆接入互联网的网关,可以为车辆提供互联网接入服务。RSU 通过有线光缆与 TA 进行通信,可以有效协助 TA 撤销车辆和追踪车辆的真实身份。

每辆加入车联网的汽车都配备 OBU,能够与其他 OBU 和 RSU 以 V2V 或 V2I 的方式进行通信,并实时广播车辆的安全信标消息。每个 OBU 中都拥有来自 TA 颁发的防篡改设备,任何敌手都无法从中提取数据。

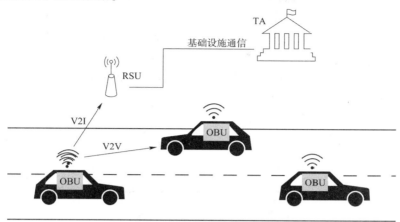

图 2-5 车联网的构成

与一般的移动自组织网络相比,车载自组织网自身独有的特质不仅使得这些领域的成熟安全理论和技术难以直接移植应用,也使得对于车联网的安全架构和相关安全技术的研究充满挑战。车联网面临的安全与隐私保护问题是多方面的,具体表现在信息安全、隐私保护、效率、真实存在性 4 个方面。

2. 车联网安全隐私技术

车联网安全隐私技术,需要关注联网汽车、通信(包含车内、车-车、车-路等)、车联网服务等全链条的安全,并在各个环节都贯穿数据安全和隐私保护,这包括加强车内信息的访问控制、实施分域管理,降低安全风险;采用证书、密码技术和可信计算,构建可信的车内/车-路/车-车通信;对网络侧进行异常行为监测,从而实现从单点、被动的安全防护,向主动安全管控与被动安全检测相结合的综合防御体系转变,实现自动化的威胁识别、风险阻断和攻击溯源等。

未来的车联网需要大量车辆参与数据共享,以收集更多真实有效的信息来作出更精确的决策。但车辆收集的数据中可能包含有意或无意与他人共享的个人信息,例如车辆的行程路线、行程时间和位置信息等,从而给用户带来了隐私泄露的风险。

(三)车联网隐私保护方案

车联网中主要的身份认证体系是基于 PKI 架构构建的,目前较受认可的关于解决隐私保护问题的方法是基于多假名的隐私保护认证方案和基于群签名的隐私保护认证方案。

1. 基于多假名的隐私保护认证方案

假名是 TA 颁发给注册车辆用于隐藏其身份信息,同时又可以通过身份合法性验证的假名身份,一般多为 TA 颁发的假名证书。车辆节点使用的假名证书与分配的集合中的其他假名以及其真实身份之间不具备关联性,其他车辆节点只能通过假名验证车辆身份的合法性,但是不会获知车辆的真实身份,只有在必要时,权威机构才能通过假名追溯车辆的真实身份。因此,基于多假名的隐私保护认证方案既可以实现车辆身份的合法性认证,又能满足车联网中对于条件隐私的需求。假名证书的管理分为集中式与分布式两种。集中式授权方式是在车辆在刚刚购买或者年检的时候,由车辆发起注册请求,TA 为车辆提供一组可供验证的假名,满足车辆在未来一段时间内的使用需求。分布式方案借助 RSU 实现车辆的证书管理,减少证书的存储开销。一般来说,采用集中式的管理方案更加切实可行。图 2-6 描述了基于多假名的隐私保护认证方案的基本流程。

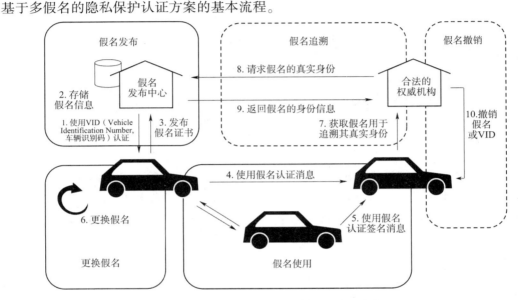

图 2-6 基于多假名的隐私保护认证方案基本流程

2. 基于群签名的隐私保护认证方案

群签名算法是密码学中基于群组的一种特殊签名算法。借助该算法,群组中的每个合法成员都可以代表整个群组进行匿名签名,而验证者只能通过验证签名获知该消息是否来自该群组,并不能获知车辆的真实身份。由于群签名方案具备匿名性和可追溯性的优点,因此,其被研究者广泛应用于车联网隐私保护认证方案中。

3. 基于 RSU 辅助的高效隐私保护认证方案

在此方案中,RSU 先行收集周围车辆的消息(车辆单向给 RSU,利用会话密钥发送自己的安全信标信息),随后经过封装处理并签名,将数据发布出去。因此,在每一个 RSU 的覆盖区域内,车辆仅需验证来自 RSU 的消息,便可获知周围交通情况,从而摆脱需要实时验证周围众多的签名消息,降低 OBU 的负荷。在此期间,车辆由 V2V 通信转变为 V2I 通信方式。如遇到突发状况或者离开 RSU 覆盖范围,车辆可以单独利用自己的私钥和对应的匿名证书来发布安全信标消息。同时,为了更好地保护用户的隐私和提供无关联性,每辆车在 RSU 通信范围内,均使用由 RSU 分配的临时密钥来发布消息。当然在任何情况下,车辆无法与 RSU 进行认证或者不在 RSU 覆盖区域内时,它将回归到使用传统的基于 PKI 的方案来发送和验证消息。

(四)应用实例:V2X PKI——数字证书管理系统

遵照《基于 LTE 的车联网通信技术安全证书管理系统技术要求》,建立 V2X 通信加密保护和安全认证体系,实现对所有参与车路协同业务实体对象的强身份表达,保障 OBU 与 RSU 信息传递的敏捷性、完整性,并确保车辆和路侧设备的隐私数据不被泄漏。通过汽车行业车联网网络信任支撑平台,构建行业统一的车联网通信身份认证体系,支持 V2X CA 证书、X509 证书两种证书在不同场景中的应用。图 2-7 为厦门金龙联合汽车工业有限公司提出的 V2X PKI——数字证书管理系统架构示意图。

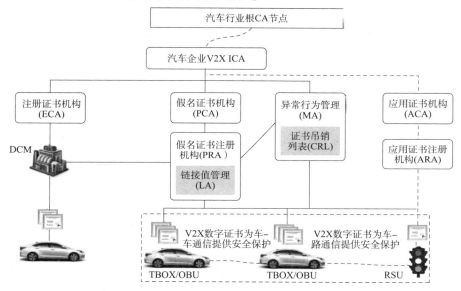

图 2-7 V2X PKI——数字证书管理系统架构示意图

(1)汽车企业 V2X 中间证书机构 ICA:位于根 CA 与签发注册证书、各种授权证书 CA 之间,用于扩展 PKI 体系的层级,实现 CA 的多级部署和多级管理。ICA 所签发证书的种类取决于 ICA 证书的权限或由一个 PKI 系统的证书管理策略确定。

(2)注册证书机构(ECA):为 V2X 终端签发注册证书,接受并处理来自 DCM 注册系统的业务请求,可批量签发注册证书;存储用户信息、用户证书信息;存储各类管理员身份信息、管理员权限信息、业务策略信息等。

(3)假名证书签发机构(PCA):负责向 OBU 签发假名证书,为避免泄露车辆行驶路径,PCA 应向 OBU 签发多个有效期相同的假名证书。

(4)假名证书注册机构(PRA):接收 OBU 的假名证书申请,对 OBU 提供的假名证书种子密钥进行扩展,从 LA 获取相应的证书链接值;基于扩展的密钥和链接值生成假名证书生成请求并发送给假名证书 CA;从假名 CA 获取 OBU 的假名证书并将其发送给 OBU。

(5)链接机构(LA):实现链接值供应功能,包括个体链接值和组链接值。接收 PRA 的链接值请求,验证请求的有效性,并生成链接值;接受 MA 的链接种子查询,验证请求的有效性,并返回 MA 所需的链接种子。在证书撤销前,链接值不会泄露多个假名证书属于同一个证书申请实体的信息。

（6）异常行为管理机构（MA）：基于V2X设备上报的异常行为检测报告，判断需要撤销的假名证书、应用证书和身份证书，并签发相应的证书撤销列表。

（7）终端安全协议栈（SDK）：车联网安全协议栈，即车联网终端安全中间件，提供安全数据处理功能、安全凭证管理功能以及与安全服务功能的API接口集成功能。

拓展阅读

网络安全是国家安全的一项基本内容，维护我国网络安全，对于保障我国改革、发展和稳定，维护国家网络空间主权、安全和利益都极其重要。《中华人民共和国网络安全法》自2017年6月1日起施行。当前，我国智能汽车产业爆发增长，预计到2025年，智能网联汽车占当年汽车总销量50%，智能汽车联网化将成为新一代汽车发展的必然选择。随着智能网联汽车产业蓬勃发展和数字化程度越来越高，智能网联汽车就像是一台四个轮子上的"大手机"。

目前，我国360集团的安全专家已经在实验环境下发现了多个品牌智能汽车的安全漏洞，利用这些漏洞可以对智能汽车实施转向控制、关闭发动机、突然制动、开关车门等操控，严重威胁智能汽车安全驾驶。所有的智能网联汽车企业都将智能车辆与车企的云端服务器远程相连，而车企的云服务商作为车企的IT供应商，所搭建的系统都会存在漏洞和更新滞后等问题。一旦云端服务器的漏洞被攻击者利用，攻击者就会通过对云端的侵入，进而对汽车实现远程干扰和操控，后果不堪设想。智能汽车中的传感器非常多，可不停地采集汽车运行中车内车外的各种数据，比如零件是否正常运行、车速、胎压等；驾乘人员的出行轨迹、驾乘习惯、车内语音图像等；地图道路环境数据等。这些传感器得到的"大数据"会在车辆本地和云端进行存储，具有被窃取的风险。一旦数据泄露，用户隐私将被暴露，而道路网数据、导航数据、环境影像等具有地图测绘属性的数据被大量收集和泄露，甚至可能危及国家安全。全国政协委员、360集团创始人周鸿祎在2021年"两会"上提交提案，建议把网络安全系统像"安全带"一样列为智能汽车的标配，推进智能汽车网络安全强制测试，强化智能网联汽车产生的数据安全监管。

四　交通状态全面感知技术

（一）概述

传统交通系统获取的感知数据，往往是孤立、静态和零散的，在车联网车路协同中，可以综合采用摄像头、车检器、超声波、毫米波雷达、激光雷达等路侧设备以及流动车辆的传感器，进行交通信息采集和道路状态感知，将这些多源的交通信息进行汇聚和建模，从而全面、直观、动态地反映道路交通状况。

（二）道路交通运行感知与分析技术

1. 新兴物联网数据采集传输技术

新兴的物联网数据采集传输技术在交通方面的应用主要是通过射频识别（Radio Frequency Identification，RFID)传感器、WSN自组网等信息传感设备获取交通基础设施与交通运输工具的各种信息,结合互联网、移动通信网等进行信息传送与交互,提高感知能力,主要应用于车辆定位感知、停车场感知、道路桥梁状态感知、交通事件感知等方面。

2. 以大数据为代表的信息数据存储和分析处理技术

目前,以MAP Reduce和Hadoop为代表的非关系数据分析技术在互联网信息搜索和其他大数据分析领域取得了重大进展,已成为大数据分析的主流技术。大数据技术在交通方面的应用主要在于对交通工具GPS地理位置、视频、路网、基础设施等结构化与非结构化海量数据的存储与处理。

3. ZigBee、3G/LTE等新兴无线通信技术

新兴的无线通信技术主要有近距离通信和远距离通信,其中近距离通信技术主要有ZigBee、DSRC、Wi-Fi等;远距离通信技术主要有3G、LTE、4G、5G等。这些技术都具有容量大、成本低、传输速度快等特点。智能交通中的无线通信技术具有多节点交互功能,可实现快速、海量图像传输及视频流等多媒体功能,为公众提供高效、便捷的交通信息服务。

(三)交通状态的全面感知

将产生于路侧、车辆、行人等不同交通要素的各类传感器信息进行融合分析,可形成对交通状况的全面感知,包括交通流量的时空分布,如准确地知道在城市的某一时刻某一路段上有多少辆车;交通事件检测,如判断是否产生了交通事故或者交通隐患;结合路面状态和环境状况,进行未来交通流量预测、规划与预案等。

交通状态的全面感知,可以在交通指挥中心/高速公路管理中心等智能交通平台实现,通过物联网管理和V2X能力,对融合感知的数据进行分析处理,并通过云端协同实现智能从中心向边缘的延伸,以实现城市级/高速公路级的协作式智能交通;也可以在边缘侧实现,通过智能交通边缘节点实现侧端数据实时融合感知和反馈,包括从交通信号灯获取实时交通指挥信息、从视频监控设备获取交通流信息以及道路状况全程和精准的感知、从车辆获取车辆状态信息以及从其他传感器和V2X终端获取的道路临时标志、道路盲区和极端天气环境下的路况信息等,形成本地动态地图,支撑协作式自动驾驶。

(四)城市道路交通运行感知体系

城市道路交通运行感知体系采用"移动+固定"的采集手段采集"动态+静态"的交通信息,实现交通信息的"采集+共享",为分析评价体系提供坚实的数据基础。

1. 感知内容

感知城市道路交通资源及其运行状态,包括道路条件(长度、车道数、通行能力、维护情况、通畅情况、替代道路情况、在路网中的地位、限行条件)、车流(流量、流速、车型、停车场静止态、身份、号牌受限条件等)、人流(日常客流、假日客流、公交客流、地铁客流、出租汽车客流、步行客流等)、物流(货物种类、通关状态、仓储状态、运输状态、应急处置方法等)和事件(道路设施设备故障、交通事故、出行需求、场站客流集聚、恶劣天气等)。

2. 感知方法

静态数据通过建设数据库人工填充和维护(如道路长度、维护情况等);动态数据即道路

交通运行状态，应用以 RFID、传感器、WSN 自组网为代表的物联网数据采集传输技术，通过 GPS 终端、视频、传感器、微波等采集方式，采集上述车流、人流、物流和事件信息。

五 交通信号优化技术

（一）概述

获得对交通状态的全面感知后，采用大数据、人工智能等技术进行分析，进而优化交通信号，用更少的资源满足交通需求，这是提升道路安全和通行效率的关键。

城市交通具有需求量大、高峰时段需求集中和波动性明显等特征，因此，需要有针对性地制定控制策略，兼顾城市交通出行需求，减少相互间的影响。在客流高峰期间，保障智慧公交路段在路口范围享有优先路权，路口信号绝对优先，提高接驳效率、提升运能。在客流非高峰期间，道路资源完全释放供社会车辆使用，优先控制系统不启用。如图 2-8 所示，通过在全部路口覆盖高精雷达车检器、地面信号灯设备、公交车加装车路协同车载终端设备和辅助驾驶系统等，支持路口交通流运行参数的实时采集，同时与其他交通数据进行融合，为对沿线交叉口进行流量自适应控制和人车感应控制，以及拥堵路口的防溢出控制提供支持条件，让信号控制更高效，公交出行更顺畅，行人过街更安全。

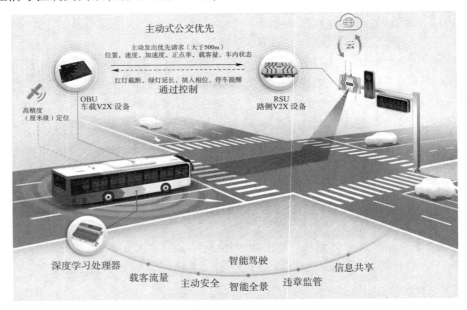

图 2-8　主动式公交优先体系图

例如，基于实时路况，通过分路段动态限速，为汽车提供建议速度，以减缓汽车速度变化，减少事故发生；在靠近交叉路口、施工路段，向接近的车辆广播交通信号灯的时间相位信息和路况信息，能帮助车辆计算最佳接近速度和通过速度，并及时提醒 L2/L3 级车辆驾驶人接管车辆，从而避免紧急制动，提升通行效率；针对高优先级车辆，如救护车、消防车，通过调节交通信号，在保证安全的基础上，响应指定车辆的交通信号优先级请求。在这些不同的车联网场景中,基于获取的大量数据,优化交通资源的调度和使用,是实现车联网车路协同价值的关键技术。

(二)基于车路协同的交通信号控制系统

基于车路协同的交通信号控制系统主要包括车载系统、路侧系统和中心控制系统,如图2-9所示。车载系统可以实时将车辆位置信息上传中心服务系统,同时车载系统可以实时在车载地图上显示车辆位置、前方路口交通信号状态以及前方若干路口的视频图像信息。路侧单元的主要功能为实时采集交通信号控制器的相位状态,并上传至中心控制平台。车路协同中心服务器系统处理来自道路视频监控的视频数据、交通信号控制系统的交通信号状态信息、车载系统的位置数据,并根据车辆位置计算分析前方路口,并将前方路口的信号状态信息回传给车辆。

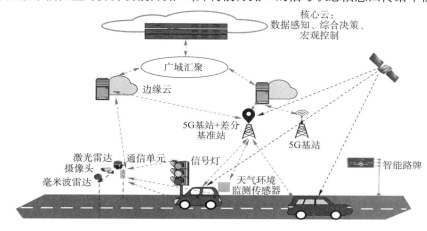

图2-9 车路协同的交通信号控制系统

1. 通信方式

车路协同系统中的车载单元、路侧单元(信号机及检测设备)和中心优化控制系统相互之间的通信方式包括短程通信和4G/5G无线通信。

2. 数据处理

车载终端启动后,向中心系统发送登录请求,登录成功后,车载终端实时向中心系统上报车辆位置数据,具体包括经纬度、车辆ID、当前行驶车速和当前所在道路。中心系统收到车辆定位数据后,结合路网模型,预测车辆的前方达到路口,并根据预测结果向路侧设备单元请求路口的信号状态,向视频云平台接口请求该路口的视频,数据整合后打包发给车载终端,车载终端在界面上显示前方路口的实时状态信息。中心系统根据车辆的行驶信息,预测前方路口的距离和到达时间,并向路侧设备及信号机发送控制指令,切换信号控制状态。

(三)交通信号优化技术

目前,关于交通信号控制优化的技术方案有:
(1)以停车次数和延误为目标构建信号优化非线性模型。
(2)考虑排放和延误构建信号优化控制模型以优化周期和绿信比。

(3)一种基于时延赋色 Petri 网的交叉口信号控制优化模型。

(4)基于无线射频识别 RFID 技术的城市交通信号优化控制。

(5)利用大数据辅助信号优化,利用"互联网+"环境下的电子地图软件以及车辆行驶过程中汇集的数据,使得系统实时掌握各路段、路口的实时交通状态,从而由系统自动生成精准控制方案,即实现交通信号的智能化控制。

(6)基于车路协同技术,实现目标车辆与交通信号控制机、目标车辆与中心信号控制系统的多维实时信息通信。在目标车辆在道路行驶过程中,构建与前方路口信号机、中心控制系统的专用通信通道,信号系统可实时获取目标车辆的行车速度、车辆的当前位置、车辆的行驶轨迹、车辆的规划行驶路径等更为精准的交通检测信息,并将该检测信息应用于交通信号优先控制模型,形成基于当前道路交通运行条件的交通优先控制策略及方案。同时,目标车辆可实时获取前方路口信号机的控制模式、配时方案参数,形成有效的闭环结构,从而提供更为高效、对周边交通影响最小的信号优先控制方案。

技能实训

实训项目　C-V2X 车路协同关键技术应用试验

课程名称:＿＿＿＿＿＿＿＿＿＿　　日期:＿＿＿＿＿＿＿＿＿＿　　成绩:＿＿＿＿＿＿＿＿＿＿

学生姓名:＿＿＿＿＿＿＿＿＿＿　　学号:＿＿＿＿＿＿＿＿＿＿　　班级:＿＿＿＿＿＿＿＿＿＿

任务载体	车载 5G NR V2X 通信模组(OBU)、路侧 5G NR V2X 通信模组(RSU)、5G 智能网联车辆管理系统、定区域自动驾驶功能车辆、5G 基站、智能交通信号灯系统、智能交通摄像头、显示屏、通信检测设备、含地图制作软硬件设备
任务目标	1. 查询资料完成 5G 车路协同关键技术试验方案制作
	2. 查询资料整理任务载体的技术规格及试验方法
	3. 按车用通信传输流程及相关技术要求,依照提供的车用通信技术测试方法完成短程及远程通信功能测试
	4. 完成车路协同自动驾驶和单车自动驾驶在感知、通信、交通等技术方面的需求对比试验
	5. 通过车路协同自动驾驶车辆,记录人车交互主要内容,并对比非自动驾驶的优势及需要改善和优化的内容

项　目	步　骤	操 作 记 录
1. 方案制作	1. 根据车路协同关键技术项目制定各单项运行环境及技术指标完成试验任务指标	
	2. 通过观看已有资源进一步演练制定的指标是否能够完成试验要求	
	3. 制定完整试验计划,包括时间安排、人员安排、安全保障、试验记录要求、成果要求等内容	
	4. 针对试验所需设备、软件、场地等通过实地检查制订设备设施状态、操作方法技术工单	
	5. 具备自动驾驶安全员 1 名	

续上表

2.试验内容选择	1.对两种车用通信技术传输速度、抗干扰、安全性、建设成本进行测试及验证		
	2.通过车路协同自动驾驶和单车自动驾驶在场地上运行试验,对比智能交通技术对自动驾驶在经济性、安全性、未来发展等方面具备的优势		
	3.使用人车交互和不使用人车交互自动驾驶车辆带给乘员的安全感、舒适感、人车合一等方面的对比试验		
3.实景试验实施	1.自动驾驶车辆符合性检查		
	2.车路协同设备符合性准备		
	3.场景测试条件检查		
	4.根据事先做好的工单依次进行试验,并全程摄像		
	5.针对每个试验内容,重复进行三次试验		
	6.整理并剪辑试验过程影像资料		
	7.把每个试验内容和相应操作影像资料对应上传至试验人员名下		
4.试验评价	1.依照试验内容选择评价指标		
	2.依照影像资料判定实施试验的正确性,评估是否掌握试验技能		
	3.针对试验的内容和实施过程进行综合评价,提出优化试验内容及方法		
小组互评 第___组	组员学号		
	组员姓名		
	互评分		
教师考核			

思考与练习

一、判断题

1. 在 C-V2X 定义的通信方式中,直通方式是指车与车、车与路、车与人间通过 PC5 接口实现直接通信。   (   )

2. 通过 Uu 接口技术可以使车辆终端感知距离较远处的交通危险状况。   (   )

3. 车路协同与自动化驾驶前端设备在应用中主要依赖于智能汽车和路边智能设备连接,通过对感知数据的决策,实现汽车智能运行。（　　）

4. 为保障用户安全,在遇到安全隐患时,自动驾驶中的控制权可由机器干预控制。
（　　）

5. 交通状态全面感知可使智能车辆了解城市内某一路段的车流量及事故状况等,但对交通流量的预测和路线规划等则由驾驶人来分析判断。（　　）

二、选择题

1. C-V2X 针对车联网应用场景,定义了两种通信方式,即(　　)。
  A. 广域蜂窝式与短程直通式　　　　B. 广域蜂窝式与集中式
  C. 分布式和短程直通式　　　　　　D. 广域蜂窝式和分布式

2. 纵观我国车路协同系统发展过程可知,我国车路协同系统主要经历了辅助信息交流沟通、协调感知和(　　)三大阶段。
  A. 共同决策与控制　　　　　　　　B. 辅助决策与控制
  C. 协调决策与控制　　　　　　　　D. 综合决策与控制

3. 车载自组织网络是一种以(　　)为网络节点的移动自组织网络,旨在提高道路安全效率和为驾驶人提供超视距的驾驶体验。
  A. 车辆和行人　　　　　　　　　　B. 车辆与车辆
  C. 车辆和路边基础设施　　　　　　D. 车辆与云端

4. 道路交通运行感知体系感知城市道路交通资源及其运行状态,包括道路条件、车流、人流、物流和(　　)。
  A. 事件　　　　B. 事故　　　　C. 天气　　　　D. 交通信号

5. 在基于车路协同的交通信号控制系统中,(　　)处理来自道路视频监控的视频数据、交通信号控制系统的交通信号状态信息、车载系统的位置数据,并根据车辆位置计算分析前方路口,并将前方路口的信号状态信息回传至车辆。
  A. 通信单元　　　B. 智能路牌　　　C. 中心控制系统　　　D. 路侧系统

三、简答题

1. C-V2X 通信方式和接口技术分别有哪几种?
2. 5G 车路协同自动驾驶的关键技术有哪些?
3. 城市道路运行感知包括哪些内容?

模块三　V2X经典应用场景

学习目标

▶ **知识目标**

1. 能够辨别车辆行驶时的不同场景分类；
2. 学会搭建车辆安全模式下模拟场景；
3. 能够识别提高车辆运行效率的模拟场景；
4. 熟悉应用于信息服务的模拟场景。

▶ **技能目标**

1. 能制定典型场景下的测试方案；
2. 能描述典型场景的技术原理；
3. 能通过自动驾驶小车在模拟沙盘上完成不同的场景的自动驾驶验证。

▶ **素养目标**

1. 通过自动驾驶小车的实际操作编程学习，培养学生较好的逻辑思维以及自主学习的能力和创新精神；
2. 通过实训任务的实施，形成团结协作的团队精神，培育严谨扎实、精益求精的工匠精神。

建议课时

20 课时

　场景分类

V2X 技术是一个新的概念，实际上，摄像头采集信号灯信号、雷达监测车辆或障碍物信号本身就是车辆与其他物体间的交互，但不属于 V2X 技术范畴。摄像头/雷达采集周边信息就像两个不说话陌生人之间直观的"猜测"，由于没有进行沟通，其中一个陌生人只能根据其动作行为来判定其意图，有时难免出现误判。而 V2X 技术就像两个熟人间默契的眼神、语言交流，车与物体之间"心领神会"，从而使误判、漏判的概率大大降低。V2X 技术应用场景如图 3-1 所示。

图 3-1　V2X 技术应用场景

V2V 和 V2P 基于广播功能实现车与车、车与人之间的信息交互，如提供位置、速度和方向信息，以避免事故的发生。V2I 是车与智能交通设施之间的信息交互。V2N 是车与 V2X 服务器、交警指挥中心之间的信息交互，V2I/V2V/V2N/V2P 之间的交互是一个闭环的生态系统。

（一）V2V 安全应用场景

V2V 的作用在于实现车与车之间的信息交互，给车辆装上"第三只眼睛"。根据场景的不同，V2V 应用场景分为四类：直行、转向、交叉路口、变道。

应用场景

（二）V2I 安全应用场景

如果说 V2V 是两个"动态"物体间的交互，那么 V2I 就是"一动一静"物体间的连接，主要包括红灯预警、弯道限速预警、限速施工区域预警、天气预警和人行横道行人预警。

（三）V2N 安全应用场景

V2N 主要是实现车辆与云端信息共享，车辆可以将车辆、交通信息发送到云端交警指挥中心，云端可以将广播信息如交通拥堵、事故情况发送给某一地区相关车辆。V2V 和 V2I 都代表近距离通信，而通过 V2N 技术实现远程数据传输。

(四)V2P 安全应用场景

V2P 通过手机、智能穿戴设备(智能手表等)等实现车与行人信号的交互,在根据车与人之间速度、位置等信号判断有一定的碰撞隐患时,车辆通过仪表及蜂鸣器,手机通过图像及声音提示注意前方车辆或行人。

安全应用场景

根据中国汽车工程学会发布的《合作式智能运输系统 车用通信系统应用层及应用数据交互标准(第二阶段)》(T/CSAE 157—2020),选择涵盖安全、效率、信息服务 3 大类的 17 个经典应用作为 V2X 安全一期应用场景,见表 3-1。

V2X 安全一期应用场景列表　　　　　　　　　　　　　　　　表 3-1

序　号	类　别	通信方式	应　用
1	安全	V2V	前向碰撞预警
2		V2V/V2I	交叉路口碰撞预警
3		V2V/V2I	左转辅助
4		V2V	盲区预警/变道辅助
5		V2V	逆向超车预警
6		V2V-Event	紧急制动预警
7		V2V-Event	异常车辆提醒
8		V2V-Event	车辆失控预警
9		V2I	道路危险状况提示
10		V2I	限速预警
11		V2I	闯红灯预警
12		V2P/V2I	弱势交通参与者碰撞预警
13	效率	V2I	绿波车速引导
14		V2I	车内标牌
15		V2I	前方拥堵提醒
16		V2V	紧急车辆提醒
17	信息服务	V2I	汽车近场支付

下面从应用定义、主要场景、系统基本原理、通信方式、基本性能要求和数据交互需求 6 个方面对 V2X 安全一期应用场景分别进行描述,并根据各应用对通信频率和时延的不同需求,将 V2X 安全一期应用场景分为两大类:一是高时延(>100ms)低频率(<10Hz)的应用,可通过目前的 4G 网络提前实现;二是低时延(≤100ms)高频率(≥10Hz)的应用,需要 LTE-V、DSRC 或 5G 通信技术的支持才能实现,见表 3-2。

表3-2　V2X安全一期应用场景按通信需求分类表

分类		应用	通信类型	频率(Hz)	最大时延(ms)	定位精度(m)	通信范围(m)	适用通信技术
1	低时延、高频率	前向碰撞预警	V2V	10	100	1.5	300	LTE-V/DSRC/5G
2		交叉路口碰撞预警	V2V/I2V	10	100	5	150	
3		左转辅助	V2V/I2V	10	100	5	150	
4		盲区预警/变道辅助	V2V	10	100	1.5	150	
5		逆向超车预警	V2V	10	100	1.5	300	
6		紧急制动预警	V2V	10	100	1.5	150	
7		异常车辆提醒	V2V	10	100	5	150	
8		车辆失控预警	V2V	10	100	5	300	
9		道路危险状况提示	I2V	10	100	5	300	
10		闯红灯预警	I2V	10	100	1.5	150	
11		弱势交通参与者碰撞预警	V2P/I2V	10	100	5	150	
12	高时延、低频率	限速预警	I2V	1	500	5	300	4G/LTE-V/DSRC/5G
13		车内标牌	I2V	1	500	5	150	
14		前方拥堵提醒	I2V	1	500	5	15 –	
15		紧急车辆提醒	V2V	10	100	5	300	

二、前向碰撞预警

（一）应用定义

前向碰撞预警（FCW）是指HV在车道上行驶,与在正前方同一车道的RV存在追尾碰撞危险时,FCW将对HV驾驶人进行预警。本应用适用于普通道路或高速公路等车辆追尾碰撞危险的预警。FCW辅助驾驶人避免或减轻前向碰撞,提高道路行驶安全性。

（二）主要应用场景

FCW主要包括如下应用场景：
（1）HV行驶,RV在HV同一车道正前方停止（图3-2）。
①HV正常行驶,RV在位于HV同一车道的正前方停止；
②HV和RV需具备短程无线通信能力；
③HV行驶过程中在即将与RV发生碰撞时,FCW应用对HV驾驶人发出预警,提醒驾驶人与位于正前方的车辆RV存在碰撞危险；
④须确保HV驾驶人收到预警后,能有足够时间采取措施,避免与RV发生追尾碰撞。
（2）HV行驶,RV在HV相邻车道前方停止（图3-3）。

图 3-2　HV 行驶，RV 在同一车道前方停止

①HV 正常行驶，RV 在位于 HV 相邻车道的前方停止；
②HV 和 RV 须具备短程无线通信能力；
③HV 行驶过程中不会与 RV 发生碰撞，HV 驾驶人不会收到 FCW 预警信息。

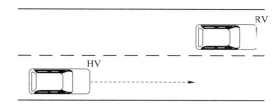

图 3-3　HV 行驶，RV 在相邻车道前方停止

（3）HV 行驶，RV 在 HV 同一车道正前方慢速或减速行驶（图 3-4）。
①HV 正常行驶，RV 位于 HV 同一车道的正前方慢速或减速行驶；
②HV 和 RV 须具备短程无线通信能力；
③HV 行驶过程中在即将与 RV 发生碰撞时，FCW 应用对 HV 驾驶人发出预警，提醒驾驶人与位于正前方的车辆 RV 存在碰撞危险；
④须确保 HV 驾驶人收到预警后，能有足够时间采取措施，避免与 RV 发生追尾碰撞。

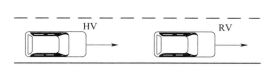

图 3-4　HV 行驶，RV 在同一车道前方慢速或减速行驶

（4）HV 行驶，HV 视线受阻，RV-1 在 HV 同一车道正前方停止（图 3-5）。
①HV 跟随 RV-2 正常行驶，RV-1 在同一车道上 RV-2 的正前方停止，HV 的视线被 RV-2 遮挡；
②HV 和 RV-1 须具备短程无线通信能力，RV-2 是否具备短程无线通信能力不影响应用场景的有效性；
③RV-2 为了避开 RV-1 进行变道行驶；
④HV 行驶过程中在即将与 RV-1 发生碰撞时，FCW 应用对 HV 驾驶人发出预警，提醒驾驶人与位于正前方的 RV-1 存在碰撞危险；

⑤须确保 HV 驾驶人收到预警后,能有足够时间采取措施,避免与 RV-1 发生追尾碰撞。

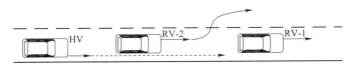

图 3-5　HV 行驶,视野受阻,RV 在同一车道慢速或减速行驶

(三)通信方式

HV 和 RV 需要具备短程无线通信能力,车辆信息通过短程无线通信在 HV 和 RV 之间传递。

(四)系统基本原理

HV 行驶过程中,若与同一车道前方 RV 存在碰撞危险,FCW 对 HV 驾驶人进行预警。触发 FCW 功能的 HV 和 RV 位置关系如图 3-6 所示,其中 HV 和 RV 在同一车道,RV 在 HV 的前方。该应用在直线车道或弯道车道内均有效。

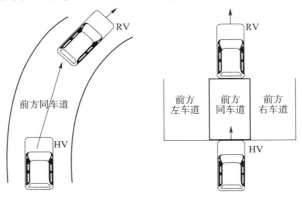

图 3-6　HV 和 RV 位置关系

FCW 基本工作原理如下:
(1)分析接收到的 RV 消息,筛选出位于同一车道前方(前方同车道)区域的 RV;
(2)进一步筛选处于一定距离范围内的 RV 作为潜在威胁车辆;
(3)计算每一个潜在威胁车辆碰撞时间(TTC)或防撞距离(Collision Avoidance Range),筛选出与 HV 存在碰撞危险的威胁车辆;
(4)若有多个威胁车辆,则筛选出最紧急的威胁车辆;
(5)系统通过 HMI 对 HV 驾驶人进行相应的碰撞预警。

(五)基本性能要求

FCW 的基本性能要求如下:主车道车速范围为 0~130km/h;通信距离≥300m;数据更新频率≤10Hz;系统延迟≤100ms;定位精度≤1.5m。

(六)数据交互需求

FCW 数据交互需求(远车数据)见表3-3。

FCW 数据交互需求(远车数据)　　　　　表3-3

数据	单位	数据	单位
时刻	ms	车体尺寸(长、宽)	m
位置(经纬度)	°	速度	m/s
位置(海拔)	m	三轴加速度	m/s²
车头方向角	°	横摆角速度	°/s

三　交叉路口碰撞预警

(一)应用定义

交叉路口碰撞预警(ICW)是指 HV 驶向交叉路口,与 RV 存在碰撞危险时,ICW 应用将对 HV 驾驶人进行预警。本应用适用于城市及郊区普通道路及公路的交叉路口、环道入口、高速路入口等交叉路口碰撞危险的预警。

ICW 应用辅助驾驶人避免或减轻侧向碰撞,提高交叉路口通行安全性。

(二)主要应用场景

ICW 主要包括如下应用场景:

(1) HV 在路口起步(图3-7)。

①HV 停在路口,RV-1 从 HV 左侧或右侧驶向路口,HV 的视线可能被出现在路口的 RV-2 遮挡;

②HV 和 RV-1 须具备短程无线通信能力,RV-2 是否具备短程无线通信能力不影响应用场景的有效性;

③HV 起动并准备进入路口时,ICW 应用对 HV 驾驶人发出预警,提醒驾驶人与侧向来车 RV-1 存在碰撞危险;

④须确保 HV 驾驶人收到预警后,能有足够的时间采取措施,避免与 RV-1 发生碰撞。

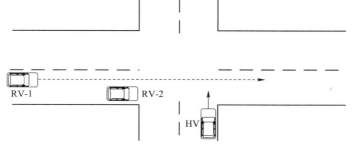

图3-7　HV 在路口起步

（2）HV 和 RV 同时驶向路口（图 3-8）。

①HV 驶向路口，同时 RV-1 从 HV 左侧或右侧驶向路口，HV 的视线可能被出现在路口的 RV-2 遮挡；

②HV 和 RV-1 需要具备短程无线通信能力，RV-2 是否具备短程无线通信能力不影响应用场景的有效性；

③当 HV 驶向路口时，ICW 应用对 HV 驾驶人发出预警，提醒驾驶人与侧向来车 RV-1 存在碰撞危险；

④须确保 HV 驾驶人收到预警后，能有足够的时间采取措施，避免与 RV-1 发生碰撞。

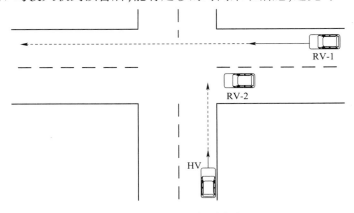

图 3-8　HV 和 RV 同时驶向路口

（三）系统基本原理

HV 驶向交叉路口，若与任意一辆驶向同一路口的 RV 存在碰撞危险，ICW 应用对 HV 驾驶人进行预警。触发 ICW 功能的 HV 和 RV 位置关系如图 3-9 所示，其中 HV 和 RV 行驶方向不限于垂直交叉（90°），可为一定范围内的多角度交叉。

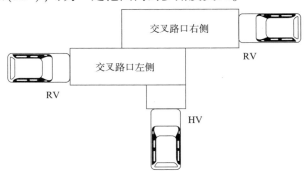

图 3-9　HV 和 RV 位置关系

（四）通信方式

HV 和 RV 须具备短程无线通信能力，车辆信息通过短程无线通信在 HV 和 RV 之间传递;利用具备短程无线通信能力的路侧设备直接探测碰撞危险或远车信息,发送给主车。

(五)基本性能要求

ICW 的基本性能要求如下:主车车速范围为 0～70km/h;通信距离≥150m;数据更新频率≤10Hz;系统延迟≤100ms;定位精度≤5m。

(六)数据交互需求

ICW 数据交互需求(远车数据)见表 3-4。

ICW 数据交互需求(远车数据)　　　表 3-4

数　　据	单　　位	数　　据	单　　位
时刻	ms	车体尺寸(长、宽)	m
位置(经纬度)	°	速度	m/s
位置(海拔)	m	三轴加速度	m/s^2
车头方向角	°	横摆角速度	°/s

四　左转辅助

(一)应用定义

左转辅助(LTA)是指 HV 在交叉路口左转,与对向驶来的 RV 存在碰撞危险时,LTA 应用将对 HV 驾驶人进行预警。本应用适用于城市及郊区普通道路及公路的交叉路口。

LTA 应用辅助驾驶人避免或减轻侧向碰撞,提高交叉路口通行安全性。

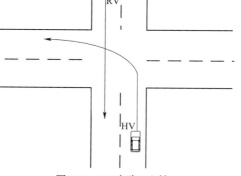

图 3-10　HV 在路口左转

(二)主要应用场景

LTA 的主要场景为:HV 在交叉路口左转,RV 从对面驶向路口(图 3-10)。具体描述如下:

(1)HV 和 RV 同时从相对的方向驶向交叉路口;

(2)HV 和 RV 须具备短程无线通信能力;

(3)HV 起动并准备进入路口左转时,若系统检测到与 RV 存在碰撞危险,LTA 应用对 HV 驾驶人发出预警;

(4)须确保 HV 驾驶人收到预警后,能有足够时间采取措施,避免与 RV 发生碰撞。

(三)系统基本原理

HV 驶向交叉路口左转行驶时,若与 RV 存在碰撞危险,LTA 应用对 HV 驾驶人进行预警。触发 LTA 功能的 HV 和 RV 位置关系如图 3-11 所示。

LTA 的基本工作原理如下：

(1) 分析接收到的 RV 消息，筛选出位于 HV 相邻车道迎面车辆区域(Oncoming Left)和远端车道迎面车辆区域(On Coming far Left)的 RV；

(2) 进一步筛选处于一定距离范围内的 RV 作为潜在威胁车辆；

(3) 计算每一个潜在威胁车辆到达路口的时间(TTI)和到达路口的距离(DT)，筛选出与 HV 存在碰撞危险的威胁车辆；

(4) 若有多个威胁车辆，则筛选出最紧急的威胁车辆；

(5) 系统通过 HMI 对 HV 驾驶人进行相应的碰撞预警。

(四) 通信方式

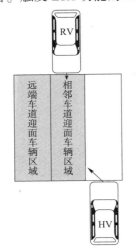

图 3-11 HV 和 RV 位置关系

HV 和 RV 需要具备短程无线通信能力，车辆信息通过短程无线通信在 HV 和 RV 之间传递；利用具备短程无线通信能力的路侧设备直接探测碰撞危险或远车信息，发送给主车。

(五) 基本性能要求

LTA 基本性能要求如下：主车车速范围为 0～70km/h；通信距离 ≥150m；数据更新频率 ≤10Hz；系统延迟 ≤100ms；定位精度 ≤5m。

(六) 数据交互需求

LTA 数据交互需求(远车数据)见表 3-5。

表 3-5 LTA 数据交互需求(远车数据)

数 据	单 位	备 注
时刻	ms	
位置(经纬度)	°	
位置(海拔)	m	
车头方向角	°	
车体尺寸(长、宽)	m	
速度	m/s	
三轴加速度	m/s²	
横摆角速度	°/s	
转向信号		转向灯是否激活

五 盲区预警/变道辅助

(一)应用定义

盲区预警/变道预警(BSW/LCW)是指当 HV 的相邻车道上有同向行驶的 RV 出现在 HV 盲区时,BSW 应用对 HV 驾驶人进行提醒;当 HV 准备实施变道操作时(例如激活转向灯等),若此时相邻车道上有同向行驶的 RV 处于或即将进入 HV 盲区,LCW 应用对 HV 驾驶人进行预警。本应用适用于普通道路或高速公路等车辆变道可能存在碰撞危险的预警。

BSW/LCW 应用可避免车辆变道时,与相邻车道上的车辆发生侧向碰撞,提高变道安全性。

(二)主要应用场景

BSW/LCW 主要包括如下应用场景:
(1) RV 在 HV 盲区内(图3-12)。
①HV 在本车道内行驶,RV 在 HV 相邻车道内同向行驶,且 RV 处于 HV 盲区内;
②BSW 应用提醒 HV 驾驶人其盲区内存在 RV;
③若此时检测到 HV 驾驶人有向 RV 所在车道变道的意图(例如通过激活转向灯或者根据转向盘转角综合判断),则 LCW 应用对 HV 驾驶人发出预警;
④须确保 HV 驾驶人收到预警后,能有足够时间采取措施,避免与相邻车道上的 RV 发生碰撞。

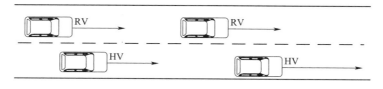

图3-12 RV 在 HV 盲区内

(2) RV 即将进入 HV 盲区(图3-13)。
①HV 在本车道内行驶,远车 RV 在相邻车道上与 HV 同向行驶,且即将进入 HV 的盲区;
②BSW 应用提醒 HV 驾驶人即将有车辆进入其盲区;
③若此时检测到 HV 驾驶人有向 RV 所在车道变道的意图(如激活转向灯),则 LCW 应用对 HV 驾驶人发出预警;
④须确保 HV 驾驶人收到预警后,能有足够时间采取措施,避免与相邻车道上的 RV 发生碰撞。

(三)系统基本原理

当 HV 意图换道时,若检测到相邻车道上与 HV 同向行驶的 RV 处于或即将进入 HV 盲区，BSW/LCW 应用对 HV 驾驶人进行预警。触发 BSW/LCW 功能的 HV 和 RV 位置关系如图 3-14 所示。BSW/LCW 应用适用于直道和弯道情形。

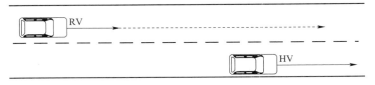

图 3-13　RV 即将进入 HV 盲区

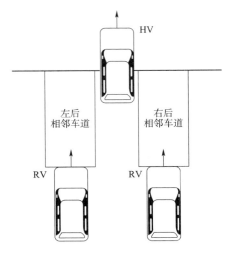

图 3-14　HV 和 RV 位置关系

BSW/LCW 的基本工作原理如下：

（1）从接收到的 RV 消息中，筛选出位于 HV 左后相邻车道和右后相邻车道的 RV 作为潜在威胁车辆；

（2）判断潜在威胁车辆是否处于或即将进入 HV 盲区；

（3）如果潜在威胁车辆处于或即将进入 HV 盲区，首先对 HV 驾驶人进行 BSW 提醒；

（4）如果潜在威胁车辆处于或即将进入 HV 盲区，而 HV 此时有变道操作，则对 HV 驾驶人进行 LCW 报警；

（5）系统通过 HMI 对 HV 驾驶人进行提醒或报警。

（四）通信方式

HV 和 RV 须具备短程无线通信能力，车辆信息通过短程无线通信在 HV 和 RV 之间传递。

（五）基本性能要求

BSW/LCW 的基本性能要求如下：主车车速范围为 0～130km/h；通信距离≥150m；数据更新频率≤10Hz；系统延迟≤100ms；定位精度≤1.5m。

(六)数据交互需求

BSW/LCW 数据交互需求(远车数据)见表3-6。

表3-6 BSW/LCW 数据交互需求(远车数据)

数 据	单 位	备 注
时刻	ms	
位置(经纬度)	°	
位置(海拔)	m	
车头方向角	°	
车体尺寸(长、宽)	m	
速度	m/s	
纵向加速度	m/s²	
横摆角速度	°/s	
转向信号		转向灯是否激活
转向盘转角	°	

六 逆向超车预警

(一)应用定义

逆向超车预警(DNPW)是指 HV 行驶在道路上,因为借用逆向车道超车,与逆向车道上的逆向行驶 RV 存在碰撞危险时,DNPW 应用对 HV 驾驶人进行预警。本应用适用于城市及郊区普通道路及公路超车变道碰撞危险的预警。

DNPW 应用辅助驾驶人避免或减轻超车过程中产生的碰撞,提高逆向超车通行安全性。

(二)主要应用场景

DNPW 的主要应用场景为 HV 逆向变道超车(图3-15)。

(1) HV 跟随 RV-1 行驶,HV 准备超车,RV-2 从相邻近向车道上逆向行驶而来,HV 的视线可能被 RV-1 遮挡;

(2) HV 和 RV-1、RV-2 须具备短程无线通信能力;

(3) 当 HV 打开变道转向灯并准备进入逆行车道时,DNPW 应用对 HV 驾驶人发出预警,提醒驾驶人与逆向远车 RV-2 存在碰撞危险;

(4) 须确保 HV 驾驶人收到预警后,能有足够时间采取措施,避免与 RV-2 发生碰撞。

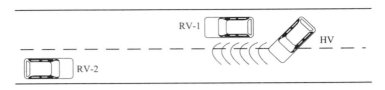

图 3-15　逆向行驶车道上有相同行驶车辆

(三) 系统基本原理

HV 正常行驶过程中,打开转向灯准备变道时,若与相邻逆向车道上的远车 RV-2 存在碰撞危险,DNPW 应用对 HV 驾驶人进行预警。触发 DVPW 功能的 HV 和远车 RV-1、RV-2 位置关系如图 3-16 所示。

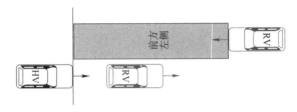

图 3-16　HV 和 RV 位置关系

DNPW 的基本工作原理如下：

(1) 分析接收到的 RV 消息,筛选出位于 HV 左前方相邻逆向车道逆向行驶的 RV；

(2) 进一步筛选处于一定距离范围内的 RV 作为潜在威胁车辆；

(3) 计算每一个潜在威胁车辆到达碰撞点的时间 (TTC) 和碰撞距离 (DTC),筛选出与 HV 存在碰撞危险的威胁车辆；

(4) 若有多个威胁车辆,则筛选出最紧急的威胁车辆；

(5) 若发现 HV 主动变道超车,与逆向车道上的车辆碰撞条件成立,系统则通过 HMI 对 HV 驾驶人进行相应的碰撞预警。

(四) 通信方式

HV 和 RV 须具备短程无线通信能力,车辆信息通过短程无线通信在 HV 和 RV 之间传递。

(五) 基本性能要求

DNPW 基本性能要求如下：主车车速范围为 0~70km/h；通信距离 ≥300m；数据更新频率 ≤10Hz；系统延迟 ≤100ms；定位精度 ≤1.5m。

(六) 数据交互需求

DNPW 数据交互需求 (远车数据) 见表 3-7。

模块三 V2X经典应用场景

DNPW 数据交互需求(远车数据)　　　　　　　　　　　　表 3-7

数　据	单　位	数　据	单　位
时刻	ms	车体尺寸(长、宽)	m
位置(经纬度)	°	速度	m/s
位置(海拔)	m	三轴加速度	m/s²
车头方向角	°	横摆角速度	°/s

七　紧急制动预警

(一)应用定义

紧急制动预警(EBW)是指 HV 行驶在道路上,与前方行驶的 RV 存在一定距离,当前方 RV 进行紧急制动时,会将这一信息通过短程无线通信广播出来。HV 检测到 RV 的紧急制动状态,若判断该 RV 事件与 HV 相关,则对 HV 驾驶人进行预警。本应用适用于城市郊区普通道路及高速公路可能发生制动追尾碰撞危险的预警。

EBW 应用辅助驾驶人避免或减轻车辆追尾碰撞,提高道路行驶通行安全性。

(二)主要应用场景

EBW 主要包括如下应用场景:

(1)同车道(或相邻车道)HV 前方紧邻 RV 发生紧急制动(图 3-17)。

①HV 行驶在道路上,RV 紧急制动;

②HV 和 RV 须具备短程无线通信能力;

③EBW 应用对 HV 驾驶人发出预警,提醒驾驶人前方紧急制动操作,存在碰撞危险;

④须确保 HV 驾驶人收到预警后,能有足够时间采取措施,避免与 RV 发生追尾碰撞。

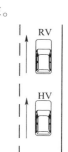

图 3-17　同车道 HV 前方紧邻 RV 紧急制动

(2)同车道(或相邻车道)HV 前方非紧邻 RV 发生紧急制动(图 3-18)。

①HV 行驶在道路上,其前方非紧邻的 RV-1 紧急制动,HV 的视线被紧邻的 RV-2 遮挡;

②HV 和 RV-1、RV-2 须具备 V2X 通信能力;

③EBW 应用对 HV 驾驶人发出预警,提醒驾驶人前方紧急制动操作存在碰撞危险;

④须确保 HV 驾驶人收到预警后,能有足够时间采取措施,避免与 RV-2 和 RV-1 发生追尾碰撞。

(三)系统基本原理

相同或者相邻车道上,RV 发生紧急制动事件并对外广播,当 HV 通过行驶方向、距离、位置、速度等信息判断该事件对 HV 具有潜在危险时,则对 HV 驾驶人进行预警。触发 EBW 功能的 HV 和 RV 位置关系如图 3-19 所示。

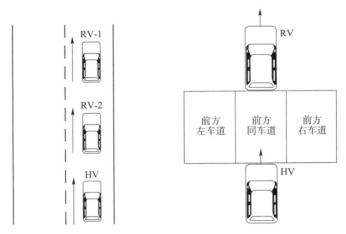

图 3-18 同车道 HV 前方非紧邻的 RV 紧急制动　　图 3-19 HV 和 RV 位置关系

EBW 的基本工作原理如下：
（1）RV 出现紧急制动事件时，将这一信息对外进行广播；
（2）HV 接收到的 RV 信息时，判断其是否包含紧急制动事件；
（3）HV 将出现紧急制动事件的 RV 分类为前方相同车道和前方相邻车道；
（4）HV 进一步根据车速、位置等信息判断该 RV 是否与 HV 相关，若存在潜在碰撞危险，则对 HV 驾驶人进行提醒。

（四）通信方式

HV 和 RV 须具备短程无线通信能力，车辆信息通过短程无线通信在 HV 和 RV 之间传递。

（五）基本性能要求

EBW 基本性能要求如下：主车车速范围为 0～130km/h；通信距离≥150m；数据更新频率≤10Hz；系统延迟≤100ms；定位精度≤1.5m。

（六）数据交互需求

EBW 数据交互需求（远车数据）见表 3-8。

EBW 数据交互需求（远车数据）　　表 3-8

数　　据	单　位	备　　注
时刻	ms	
位置（经纬度）	°	
位置（海拔）	m	
车头方向角	°	

续上表

数　　据	单　　位	备　　注
车体尺寸(长、宽)	m	
速度	m/s	
纵向加速度	m/s²	
紧急制动状态		是否激活

八　异常车辆提醒

(一)应用定义

异常车辆提醒(AVW)是指当 RV 在行驶中打开故障报警灯时,对外广播消息中显示当前"故障报警灯开启",HV 根据收到的消息内容,识别出其属于异常车辆;或者 HV 根据 RV 广播的消息,判断 RV 车速为静止或慢速(显著低于周围其他车辆),识别出其属于异常车辆。当识别出的异常车辆可能影响本车行驶路线时,AVW 应用提醒 HV 驾驶人注意。本应用适用于城市及郊区普通道路及公路的交叉路口、环道入口、高速路入口等环境中的异常车辆提醒。

AVW 应用辅助驾驶人及时发现前方异常车辆,从而避免或减轻碰撞,提高通行安全性。

(二)主要应用场景

AVW 主要包括如下应用场景:

(1)异常车辆开启故障报警灯(图 3-20)。
①HV 在道路上正常行驶,RV 在 HV 前方相同或相邻车道内;
②HV 和 RV 须具备短程无线通信能力;
③RV 开启故障报警灯,并在对外广播的消息中携带"故障报警灯开启"信息,AVW 应用对 HV 驾驶人发出预警,提醒驾驶人前方有异常车辆;
④须确保 HV 驾驶人收到预警后,能有足够的时间采取措施,避免与 RV 发生碰撞。

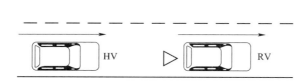

图 3-20　异常车辆开启故障报警灯

(2)异常车辆未开启故障报警灯(图 3-21)。
①HV 在道路上正常行驶、RV 在 HV 前方相同或相邻车道内;
②HV 和 RV 须具备短程无线通信能力;

③RV 为静止或者慢速车辆,在对外广播的消息中携带自身位置、速度、朝向等的信息,HV 根据这些信息判断 RV 为静止车辆或慢速车辆(车速显著低于周围其他车辆),AVW 应用对 HV 驾驶人发出预警,提醒驾驶人前方有异常车辆行驶;

④须确保 HV 驾驶人收到预警后,能有足够的时间采取措施,避免与 RV 发生碰撞。

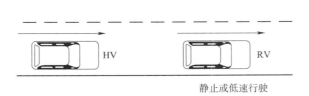

图 3-21 异常车辆未开启故障报警灯

(三)系统基本原理

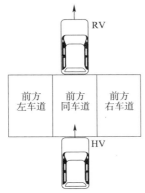

图 3-22 HV 和 RV 位置关系

HV 在道路上行驶,若收到前方 RV 发出的"故障报警灯开启"信息,或者分析 RV 发送消息中的速度、位置、朝向等信息,并结合其他 RV 车辆的车速信息,识别出该 RV 车辆处于静止/慢速行驶的异常状态,若判断其与 HV 存在碰撞危险,则及时报警;若有多个威胁车辆,则筛选出最紧急的威胁车辆。触发 VW 功能的 HV 和 RY 位置关系如图 3-22 所示。

(四)通信方式

HV 和 RV 须具备短程无线通信能力,车辆信息通过短程无线通信在 HV 和 RV 之间传递。

(五)基本性能要求

AVW 基本性能要求如下:主车车速范围为 0~130km/h;通信距离≥150m;数据更新频率≤10Hz;系统延迟≤100ms;定位精度≤5m。

(六)数据交互需求

AVW 数据交互需求(远车数据)见表 3-9。

AVW 数据交互需求(远车数据)   表 3-9

数据	单位	备注
时刻	ms	
位置(经纬度)	°	
位置(海拔)	m	
车头方向角	°	

续上表

数　据	单　位	备　注
速度	m/s	
异常状态信息		远车"故障报警灯开启"信息、车辆静止或慢速行驶判断等

九　车辆失控预警

（一）应用定义

车辆失控预警（CLW）是指当 RV 出现 ABS、ESP、TCS、LDW 功能触发时，RV 对外广播此类状态信息，若 HV 根据收到的消息识别出该车属于车辆失控，且可能影响自身行驶路线时，则 CLW 应用对 HV 驾驶人进行提醒。本应用适用于城市、郊区普通道路及高速公路可能发生车辆失控碰撞危险的预警。

CLW 基于通信的终端，可以将车辆内部电控系统的功能触发/失控等信息，及时对外广播，便于周边车辆迅速采取避让等处置措施，避免由于某一车辆失控导致与周边车辆碰撞事故发生。

（二）主要应用场景

CLW 主要包括如下应用场景：
（1）HV 和 RV 同向行驶（图 3-23）。
①HV 和 RV 均具备短程无线通信能力；
②HV 和 RV 同向行驶，HV 在 RV 的后方；
③RV ABS、ESP、TCS、LDW 功能触发；
④RV 广播车辆失控状态信息，HV 接收信息，CLW 应用对 HV 驾驶人发出预警，提醒驾驶人注意；
⑤须确保 HV 驾驶人收到预警后，能有足够时间采取措施，避免与 RV 发生碰撞。

图 3-23　HV 和 RV 同向行驶

（2）HV 和 RV 相向行驶（图 3-24）。
①HV 和 RV 均具备短程无线通信能力；
②HV 和 RV 相向行驶，距离逐渐接近；

③RV ABS、ESP、TCS、LDW 功能触发；

④RV 广播车辆失控状态信息，HV 接收信息，CLW 应对 HV 驾驶人发出预警，提醒驾驶人注意；

⑤预警时需确保 HV 驾驶人收到预警后，能有足够的时间采取措施，避免与 RV 发生碰撞。

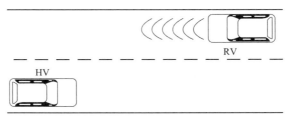

图 3-24　HV 和 RV 相向行驶

（三）系统基本原理

HV 和 RV 同向行驶（不限于在同一上车道内），若 RV 出现车辆失控预警且与后方 HV 存在碰撞危险时，CLW 应用对 HV 驾驶人进行预警。HV 和 RV 在相邻车道相向行驶，若 RV 在与 HV 会车前出现车辆失控，且与相向行驶的 HV 存在碰撞危险时，CLW 应用对 HV 驾驶人进行预警。触发 CLW 功能的 HV 和 RV 的位置关系如图 3-25 所示（RV 可位于 HV 前方车道的 6 个区域内）。

CLW 的基本工作原理如下：

(1) HV 分析接收到的 RV 消息；

(2) 计算出 HV 与 RV 的相对距离和发生碰撞的时间；

(3) 系统通过 HMI 对 HV 驾驶人进行相应的碰撞预警。

（四）通信方式

HV 和 RV 须具备短程无线通信能力，车辆信息通过短程无线通信在 HV 和 RV 之间传递。

图 3-25　HV 和 RV 位置关系

（五）基本性能要求

CLW 的基本性能要求如下：主车车速范围为 0～130km/h；通信距离≥300m；数据更新频率≤10Hz；系统延迟≤100ms；定位精度≤5m。

（六）数据交互需求

CLW 数据交互需求（远车数据）见表 3-10。

CLW 数据交互需求(远车数据)　　　　　　　　　　　表 3-10

数　据	单　位	备　注
时间	ms	
位置(经纬度)	°	
位置(海拔)	m	
速度	m/s	
加速度	m/s²	
ABS 状态		有效/无效
ESP 状态		有效/无效
TCS 状态		有效/无效
LDW 状态(左右)		有效/无效
其他失控状态		
车头方向角	°	
车体尺寸(长、宽)	m	

十　道路危险状况提示

(一)应用定义

道路危险状况提示(HLW)是指 HV 行驶到潜在危险状况(如桥下存在较深积水、路面有深坑、道路湿滑、前方急转弯等)路段,存在发生事故风险时,HLW 应用对 HV 驾驶人进行预警。本应用适用于城市道路、郊区道路和高速公路等容易发生危险状况的路段或者临时性存在道路危险状况的路段。

HLW 应用将道路危险状况及时通知周围车辆,便于驾驶人提前进行处置,提高车辆对危险路况的感知能力,降低驶入该危险区域的车辆发生事故的风险。

(二)主要应用场景

当道路存在危险状况时,附近 RSU 或临时路侧设备对外广播道路危险状况提示信息,包括位置、危险类型、危险描述等,行经该路段的 HV 根据信息及时采取避让措施,避免发生事故(图 3-26)

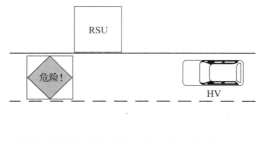

图 3-26　RSU 提示道路危险状况信息

(三) 系统基本原理

HLW 的基本工作原理如下：
(1) 具备短程无线通信能力的 RSU 周期性对外广播道路危险状况提示信息；
(2) HV 依据自身位置信息和道路危险状况提示信息，计算与道路危险区域的距离；
(3) HV 依据当前速度计算到达道路危险区域的时间；
(4) 系统通过 HMI 对驾驶人进行及时预警。

(四) 通信方式

HV 和 RSU 须具备短程无线通信能力，RSU 将道路危险状况信息发送给 HV。

(五) 基本性能要求

HLW 的基本性能要求如下：主车车速范围为 0~130km/h；通信距离≥300m；数据更新频率≤5Hz；系统延迟≤100ms；定位精度≤5m。

(六) 数据交互需求

HLW 数据交互需求(远车数据)见表 3-11。

表 3-11 HLW 数据交互需求(远车数据)

数据	单位	备注
时刻	ms	
道路危险位置(经纬度)	°	
道路危险位置(海拔)	m	
道路危险状况类型		
道路危险状况描述		

十一 限速预警

(一) 应用定义

限速预警

限速预警(SLW)是指 HV 行驶过程中，在超出限定速度的情况下，SLW 应用对 HV 驾驶人进行预警，提醒驾驶人减速行驶。本应用适用于普通道路及高速公路等有限速的道路。

SLW 应用辅助驾驶人避免超速行驶，消除安全隐患，减少事故的发生。

(二) 主要应用场景

HV 和 RSU 须具备短程无线通信能力。HV 行驶时，RSU 周期性发送特定路段的限速信息。当 HV 判断自己在 RSU 指示的特定路段，且车速超过 RSU 的速度限值时，SLW 应用对

HV驾驶人发出预警,提醒驾驶人减速行驶。

(三)系统基本原理

SLW基本工作原理如下:

(1) HV分析接收到的RSU消息,提取限速路段信息和具体限速大小;

(2) 根据车辆本身的定位和行驶方向,将自身定位到特定路段上;

(3) 如果HV检测到自己处在限速路段区域内,则判断自身是否在限速范围内;

(4) 如果不满足限速要求,则触发SLW报警,系统通过HMI对HV驾驶人进行相应的限速预警,提醒驾驶人减速。

(四)通信方式

HV和RSU须具备短程无线通信能力,信息通过短程无线通信在RSU和HV之间传递。

(五)基本性能要求

SLW的基本性能要求如下:主车车速范围为0~130km/h;通信距离≥300m;数据更新频率≤1Hz;系统延迟≤100ms;定位精度≤5m。

(六)数据交互需求

SLW数据交互需求(RSU数据)见表3-12。

SLW数据交互需求(RSU数据)　　　　　　　　　　表3-12

数据	单位	备注
时刻	ms	
RSU经纬度	°	
RSU海拔	m	
限速区域范围		
速度限制	m/s	

十二 闯红灯预警

(一)应用定义

闯红灯预警(RLVW)是指HV经过有信号控制的交叉口(车道),车辆存在不按信号灯规定或指示行驶的风险时,RLVW应用对驾驶人进行预警。本应用适用于城市及郊区道路及公路的交叉路口、环道出入口和可控车道、高速公路入口和隧道等有信号控制的车道。闯红灯过程如图3-27所示。

RLVW应用辅助驾驶人安全通过信号灯路口,提高信号灯路口的通行安全性。

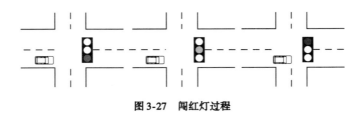

图 3-27　闯红灯过程

(二)主要应用场景

当前方有大型车辆遮挡视线(图 3-28)或恶劣天气影响视线,或由于其他原因,使 HV 无法对当前红灯或即刻到来的红灯作出正确判断时,RLVW 检测 HV 当前所处位置和速度等,通过计算预测车头经过路口停止线时信号灯的状态,并向驾驶人进行预警。

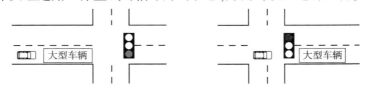

图 3-28　HV 被大型车辆遮挡视线

(三)系统基本原理

当 HV 驶向具有信号控制的交叉路口(车道),遇信号灯即将变红或正处在红灯状态,但车辆未能停止在停止线内而继续前行时,RLVW 应用将对该车驾驶人进行预警。触发 RLVW 功能的 HV 与路口设施位置关系如图 3-29 所示。

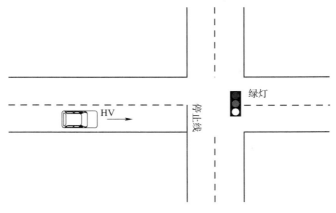

图 3-29　HV 与路口设施位置关系

RLVW 的基本工作原理如下:
(1)具有短程、远程通信能力的 RSU 定时发送路口地理信息和信号灯实时状态信息;
(2)HV 依据本身 GNSS 地理信息,确定当前应管控信号的相位,并计算其与停止线的距离;
(3)HV 依据当前速度和其他交通参数预估到达路口的时间;

（4）RLVW 将这些信息与接收到的信号灯切换时刻及信号灯保留时长信息进行对比分析，决定是否预警。

（四）通信方式

具备短程、远程无线通信能力的 RSU,将有关交叉口(车道)信息广播给具有短程通信能力的车辆。

（五）基本性能要求

RLVW 的基本性能要求如下：主车车速范围为 0~70km/h；通信距离≥150m；数据更新频率≤5Hz；系统延迟≤100ms；定位精度≤1.5m。

（六）数据交互需求

RLVW 数据交互需求(RSU 数据)见表 3-13。

表 3-13 RLVW 数据交互需求(RSU 数据)

数据	单位	备注
时刻	ms	
路口 ID		
入口 ID		
车道宽度	m	
车道中心线位置		
停车线位置		
车道属性		左、直、右和掉头
车道所属相位		
当前灯态		针对该车道每一个车道属性(允许行驶方向)的信号灯状态
信号灯转换剩余时间	s	可预测一个周期或两个周期
信号灯配时是否自适应控制		自适应控制时，绿灯剩余时间会改变(周期内或下一个周期)

十三 弱势交通参与者碰撞预警

（一）应用定义

弱势交通参与者碰撞预警(VRUCW)是指 HV 在行驶中，与周边行人(P,含义拓展为广义上的弱势交通参与者，包括行人、自行车、电动自行车等，以下描述以行人为例)存在碰撞危险时，VRUCW 应用将对车辆驾驶人进行预警，同时也可对行人进行预警。本应用适用于城市及郊区普通道路及公路的碰撞危险预警。VRUCW 应用辅助驾驶人避免或减轻与 P 的碰撞危险,提高车辆及行人通行安全性。

(二) 主要应用场景

VRUCW 主要包括如下应用场景:

(1) HV 行进时,P 从侧前方出现(图 3-30)。

①HV 在行进时,P 从侧前方出现,HV 的视线可能被出现在路边的 RV 遮挡;

②HV 和 P 须具备短程无线通信能力,RV 是否具备短程无线通信能力不影响应用场景的有效性;

③HV 接近 P 时,如果检测到可能发生碰撞的危险,VRUCW 应用对 HV 驾驶人发出预警,同时也可对 P 发出预警,提醒驾驶人与侧向 P 存在碰撞危险;

④须确保 HV 驾驶人收到预警后,能有足够时间采取措施,避免与 P 发生碰撞。

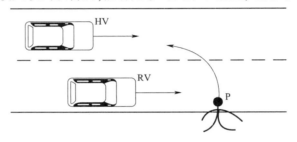

图 3-30　HV 行进时 P 从侧前方出现

(2) HV 倒车预警(图 3-31)。

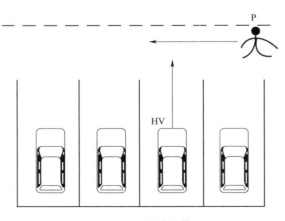

图 3-31　HV 倒车预警

①HV 在倒车时,P 从 HV 侧后方出现,HV 的视线可能被两侧车辆遮挡,也可能由于盲区等原因,使得 HV 的驾驶人不能及时发现;

②HV 和 P 须具备短程无线通信能力,周边 RV 是否具备该能力不影响预警效果;

③HV 接近 P 时,如果检测到可能存在碰撞的危险,VRUCW 应用对 HV 驾驶人发出预

警,也可以同时对 P 发出预警,提醒驾驶人这一危险;

④须确保 HV 驾驶人收到预警后,能有足够的时间采取措施,避免与 P 发生碰撞;

⑤通过路侧设备检测行人并对车辆预警。

在场景①、②的基础上,如果 P 不具备通信能力,路侧设备可通过摄像头、微波雷达等传感器检测 P,并广播 P 的相关信息,VRUCW 应用对可能发生碰撞的车辆驾驶人发出预警。

(三)系统基本原理

VRUCW 的基本工作原理如下:

(1) HV 分析接收到的 P 消息,筛选出与车辆行驶方向上可能发生冲突的行人;

(2) 进一步筛选处于一定距离或者时间范围内的行人作为潜在威胁行人;

(3) 计算与每一个(或者成组)行人的碰撞时间 TTC,筛选出存在碰撞威胁的行人;

(4) 若存在多个威胁行人(或行人组),则筛选出最紧急的威胁行人(或行人组);

(5) 系统对 HV 驾驶人进行相应的碰撞预警。

(四)通信方式

HV 和 P 须具备短程无线通信能力,车辆信息通过短程无线通信在 HV 和 P 之间传递;或利用路侧感知系统对行人信息进行感知,通过路侧设备发给车辆。

(五)基本性能要求

VRUCW 的基本性能要求如下:主车车速范围为 0~70km/h;通信距离≥150m;信号更新频率≤5Hz;系统延迟≤100ms;定位精度≤5m。

(六)数据交互需求

VRUCW 车辆数据、行人数据、RSU 数据交互需求分别见表 3-14 ~ 表 3-16。

VRUCW 数据交互需求(车辆数据) 表 3-14

数　　据	单　位	备　注
时间	ms	
位置(经纬度)	°	
位置(海拔)	m	
车头方向角	°	
车体尺寸(长、宽)	m	
速度	m/s	
纵向加速度	m/s^2	
横摆角速度	°/s	
驾驶行为类型		
质量	kg	

续上表

数据	单位	备注
车辆类型		
历史数据		
路径预测		
事件类型		

VRUCW 数据交互需求（行人数据）　　　　表 3-15

数据	单位	备注
时刻	ms	
位置（经纬度）	°	
位置（海拔）	m	
行进方向角	°	
速度	m/s	
基本类型		行人、自行车、道路工作者、动物……
位置精确度		
四维加速度		
历史路径		
路径预测		
动力		人力、动物、电动……
使用状态		打字、听音乐、打电话、阅读……
人群		
人群半径	m	
职业类型		拖车人员、救火人员、急救人员……
道路工作人员类型		道路施工、指挥交通、设置标志……
指挥交通工作类型		
行人被辅助类型		视力、听力、行动、认知……
通过街道请求		
通过街道状态		
用户身材		
其他个人信息，如健康状态等		集合

注：V2P 场景，数据信息由 P 主动发出。

VRUCW 数据交互需求（RSU 数据） 表 3-16

时　　刻	单　　位	备　　注
时刻	ms	
行人位置（经纬度）	°	
行人位置（海拔）	m	
行人行进方向角	°	
行人速度	m/s	
基本类型		
消息总数		
位置精确度		
行人四维加速度		
历史路径		
路径预测		
动力		人力、动物、电动……
人群		
人群半径	m	
通过街道请求		
通过街道状态		
行人身材		

注：I2V 场景，数据信息由路侧设备检测并发出。

十四 绿波车速引导

（一）应用定义

绿波车速引导（GLOSA）是指当装载 OBU 的 HV 驶向信号灯控制的交叉路口，收到由 RSU 发送的道路数据及信号灯实时状态数据时，GLOSA 应用将给予驾驶人一个建议车速区间，以使车辆能够经济、舒适地（不需要停车等待）通过信号路口。本应用适用于城市及郊区普通道路信号灯控制路口。

绿波

GLOSA 应用能辅助驾驶应用，提高车辆通过交叉路口的经济性和舒适性，提升交通系统效率。

（二）主要应用场景

GLOSA 主要的应用场景如图 3-32 所示。
（1）HV 从远处接近信号灯控制路口；
（2）路侧通信设备发出局部道路数据信息及从路口信号机处获得信号灯数据信息和实时状态信息；

(3) GLOSA 应用根据上述信息,给出 HV 前方信号灯的实时状态,并结合 HV 的定位和行驶状态信息,计算出通过路口的引导车速区间。

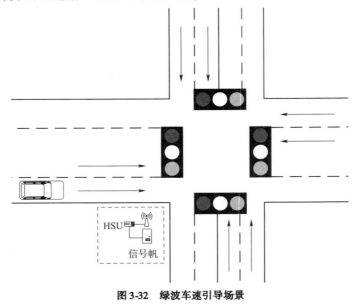

图 3-32　绿波车速引导场景

(三) 系统基本原理

GLOSA 的基本工作原理如下:

(1) HV 根据收到的道路数据,以及本车的定位和运行数据,判定本车在路网中所处的位置和运行方向;

(2) 判断车辆前方路口是否有信号灯,提取信号灯对应相位的实时状态;若有信号灯信息,则可直接显示给驾驶人;

(3) GLOSA 应用根据本车的位置,以及信号灯对应相位的实时状态,计算本车能够在本次或下次绿灯期间不停车通过路口所需的最高行驶速度和最低行驶速度,并进行提示。

(四) 通信方式

具备短程无线通信能力的 RSU,将道路数据与信号灯实时状态数据,发送给 HV。

(五) 基本性能要求

GLOSA 为效率类 V2X 应用,适用于市区或郊区有信号控制路口的路网,该应用对定位精度和数据的实时性要求相较安全类应用低。

GLOSA 的基本性能要求如下:车辆速度范围为 0 ~ 70km/h;通信距离 ≥150m;道路数据集更新频率 ≤1Hz;信号灯数据集更新频率 ≤5Hz;系统延迟 ≤200ms;定位精度 ≤5m。

(六) 数据交互需求

GLOSA 数据交互需求 (RSU 数据) 见表 3-17。

GLOSA 数据交互需求（RSU 数据）　　　　　　　　　　　表 3-17

数 据 集	包含数据单元	备　　注
时间		单位为 ms
道路数据集	节点	路口节点
	路段	路口之间的路段
	车道	路段中的车道
	连接转向关系	路口处各路段出入连接关系
信号灯数据集	静态信息	信号灯周期、相位
	实时状态信息	信号灯当前状态和倒计时
	转向-相位关系	路口处转向和信号灯相位的对应关系

十五　车内标牌

（一）应用定义

车内标牌（IVS）是指当装载 OBU 的 HV 收到由 RSU 发送的道路数据以及交通标牌信息后，IVS 应用将给予驾驶人相应的交通标牌提示，保证车辆的安全行驶。本应用适用于任何交通道路场景。

IVS 能提高车辆行驶的安全性。

（二）主要应用场景

IVS 的主要应用场景如图 3-33 所示。
（1）HV 从远处接近相应的 RSU；
（2）RSU 发出局部道路数据信息，以及相应的交通标牌信息；
（3）IVS 应用根据上述信息，结合自车的定位和行驶状态，计算出自车在路网中的位置，并判断前方是否有交通标识牌，如果有，则通过车内标牌对驾驶人进行提示。车内交通标牌会在消息有效的区域和时间段内亮起。

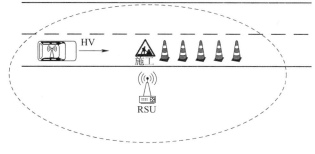

图 3-33　IVS 应用场景

(三)系统基本原理

IVS 的基本工作原理如下：

(1) HV 根据收到的道路数据，以及本车的定位和运行数据，判定本车在路网中所处的位置和运行方向；

(2) 判断车辆前方道路是否有交通标牌，以及在当前时间段该标牌是否有效。若有效，则直接显示给驾驶人。

(四)通信方式

具备短程无线通信能力的 RSU，将道路数据与交通标牌信息发送给 HV。

(五)基本性能要求

IVS 的基本性能要求如下：车辆速度范围为 0～70km/h；通信距离 ≥150m；道路数据与交通标牌信息更新频率 ≤1Hz；系统延迟 ≤500ms；定位精度 ≤5m。

(六)数据交互需求

IVS 数据交互需求(RSU 数据)见表 3-18。

IVS 数据交互需求(RSU 数据)　　　　　表 3-18

数　据	包含数据单元	备　注
时刻		单位为 ms
道路数据集	节点	路口节点
	路段	路口之间的路段
	车道	路段中的车道
	连接转向关系	路口处各路段出入连接关系
交通标牌信息	标牌内容	交通标牌所标识的内容
	指示范围	交通标牌指示的路段范围
	有效时间	交通标牌的有效时间

十六　前方拥堵提醒

(一)应用定义

前方拥堵提醒(TJW)是指 HV 行驶前方发生交通拥堵状况，RSU 将拥堵路段信息发送给 HV，TJW 应用将对驾驶人进行提醒。本应用适用于城市及郊区普通道路及高速公路拥堵路段的预警。

TJW 应用可提醒驾驶人前方路段拥堵，有助于驾驶人合理制定行车路线，提高道路通行效率。

(二)主要场景

TJW 的主要应用场景如图 3-34 所示。

(1) HV 从远处接近相应的 RSU,RSU 周期性广播局部道路拥堵数据信息;

(2) TJW 应用根据上述信息,结合本车的定位和行驶状态,计算出本车在路网中的位置,并判断前方是否有拥堵。如果拥堵,则对驾驶人进行前方拥堵的提示。

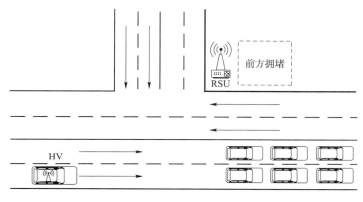

图 3-34　TJW 应用场景

(三)系统基本原理

TJW 的基本工作原理如下:

(1) HV 根据收到的道路数据,以及本车的定位和运行数据,判定本车在路网中所处的位置和运行方向;

(2) 判断车辆前方道路是否交通拥堵,若拥堵,则直接提醒驾驶人。

(四)通信方式

具备短程无线通信能力的 RSU,将直接探测到的拥堵信息或 ITS 系统中的拥堵路段信息发送给 HV;利用具备短程无线通信能力的车辆,可将前方道路拥堵信息转发给后方车辆。

(五)基本性能要求

TJW 的基本性能要求如下:主车车速范围为 0~130km/h;通信距离≥150m;数据更新频率≤1Hz;系统延迟≤500ms;定位精度≤5m。

(六)数据交互需求

TJW 数据交互需求(RSU 数据)见表 3-19。

TJW 数据交互需求（RSU 数据） 表3-19

数 据	单 位	备 注
拥堵起止点位置（经纬度）	°	路侧设备周期性广播
拥堵程度		分为 5 级：畅通、基本畅通、轻度拥堵、中度拥堵、严重拥堵；路侧设备周期性广播

十七 紧急车辆提醒

（一）应用定义

紧急车辆提醒（EVW）是指 HV 行驶中收到紧急车辆提醒，以对消防车、救护车、警车或其他紧急呼叫车辆等做出让行。

EVW 使 HV 实现对消防车、救护车、警车或其他紧急呼叫车辆的让行。

（二）主要应用场景

当紧急车辆接近 HV 时，提示 HV 让行的典型场景如图 3-35 所示。
(1) HV 行驶中，紧急车辆 RV 接近 HV；
(2) HV 和 RV 须具备短程无线通信能力；
(3) HV 收到紧急车辆提醒时，对紧急车辆 RV 做出让行。

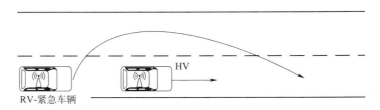

图 3-35 紧急车辆接近 HV

（三）系统基本原理

HV 直向行驶时，遇到消防车、救护车、警车或其他紧急车辆呼叫时，通过车-车通信，能有效快速让行，EVW 应用对 HV 驾驶人进行预警。触发 EVW 功能的 HV 和 RV 位置关系如图 3-36 所示。

EVW 的基本工作原理如下：
(1) 分析接收到的紧急车辆 RV 消息，筛选出位于 HV 受影响区域的紧急车辆 RV；
(2) 将处于一定范围内的紧急车辆 RV 作为优先让行紧急车辆；
(3) 计算优先让行紧急车辆 RV 到达的时间和距离。

(四)通信方式

HV 和 RV 须具备短程无线通信能力,车辆信息通过短程无线通信在 HV 和 RV 之间传递。

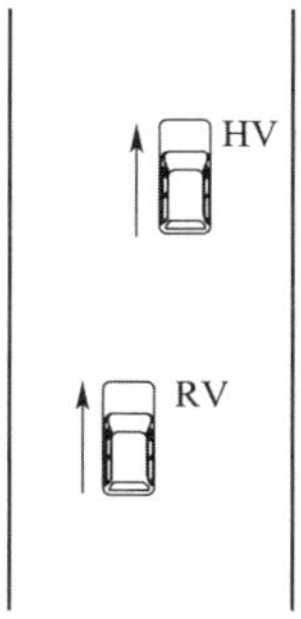

(五)基本性能要求

EVW 的基本性能要求如下:主车车速范围为 0~130km/h;通信距离≥300m;数据更新频率≤5Hz;系统延迟≤100ms;定位精度≤5m。

图 3-36 HV 和 RV 位置关系

(六)数据交互需求

EVW 数据交互需求(远车数据)见表 3-20。

EVW 数据交互需求(远车数据) 表 3-20

数据	单位	备注
时刻	ms	
位置(经纬度)	°	
位置(海拔)	m	
车头方向角	°	
车体尺寸(长、宽)	m	
速度	m/s	
三轴加速度	m/s^2	
横摆角速度	°/s	
紧急车辆类型		消防车、救护车、警车等

十八　汽车近场支付

(一)应用定义

汽车近场支付(VNFP)是指汽车作为支付终端对所消费的商品或服务进行账务支付的一种服务方式。汽车通过 V2X 通信技术与路侧单元(RSU 作为受理终端)发生信息交互,间接向银行金融机构发送支付指令,产生货币支付与资金转移行为,从而实现车载支付功能。其主要应用包括 ETC、拥堵费、充电支付、停车支付、加油支付等汽车使用消费环节的付费需求。

汽车将成为金融支付终端,具备车载支付能力,在智能交通各应用场景下,有效加速相关付费过程的效率与执行准确性。在停车支付、ETC 场景中,通过收费单元与汽车的有效自动化联动,可以加速车流,提高交通效率;在未来电动汽车无线充电场景中,可以解决根据充电量实时支付费用的问题,并因无须操作充电枪而提升用户体验;在购买车辆保险场景,可以根据本车实时车况数据直接完成汽车保险购买,实现车险个性化定价,提高商业服务质量。

(二)主要应用场景

VNFP 主要包括如下应用场景:
(1)车辆在行驶中付费(如 ETC、拥堵费,由有公信力商户主动扣款,图 3-37)。
①HV 在车道上,驶过收费 RSU;
②RSU 广播收费站收费能力;
③HV 接收到收费站广播的收费能力,与 RSU 完成 P2P 单播通信会话,并反馈车辆信息,如车辆识别码、车类型、车尺寸、车速及支付账户信息等;
④RSU 完成支付扣款,并通知车辆。

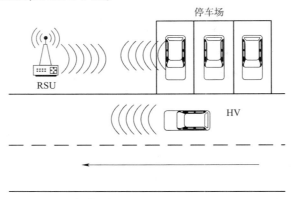

图 3-37 车辆在行驶中付费

(2)车辆停止时主动发起付费(停车场支付、充电支付、加油支付,图 3-38)。
①车辆停止时,向 RSU 发起支付请求,并上传车辆信息,如车辆识别码、车类型、车尺寸及支付账户信息等;
②RSU 完成支付扣款,并通知车辆。

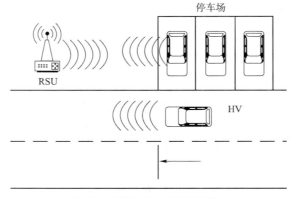

图 3-38 车辆停止时主动发起付费

(三)系统基本原理

图 3-39 所示为典型的车辆在行驶中付费的支付流程。首先是 RSU 广播"我是收费

站",然后 OBU 应答相应汽车信息(包括汽车车辆标识、汽车类型、车速、车辆尺寸等)并建立起 P2P 通信连接。接着,RSU 立刻发送相应支付请求信息(包括 RSU 标识、RSU 地理位置信息支付金额等),OBU 收到 RSU 支付请求后,内部在金融支付计算单元进行处理后,再发出应答支付信息(包括支付账户、支付金额、支付密钥等)。RSU 收到支付应答信息后,进行内部收费处理,其中包括对支付账户的风险性检测,以及实时与后台系统交易确认(可选),如是否为黑名单账户、是否符合合法交易条件(如是否 A 品牌车在 B 品牌4S 店消费)。最后,RSU 向 OBU 通知扣款(此时可选择传输电子发票等凭据),OBU 做相应记录并结束通信。

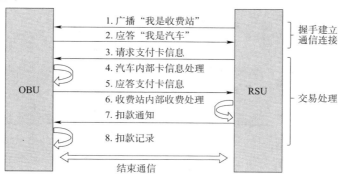

图 3-39 车辆在行驶中付费的支付流程

其中,RSU 支付金额由汽车类型与尺寸大小等车辆信息决定,车辆识别码、车辆类型与尺寸等形成汽车设备指纹,明确支付对象,以便在后续纠纷时明确责任主体。在超速交通罚款场景中,通过车辆上送车速信息,辅助证明超速行为。

通过以上交易逻辑分析,前 7 个交易步骤必须在联网通信时完成,因此,假设每步骤时延为 T,最大通信距离为 D,最大车速为 v,则需满足 $7 \cdot T \cdot v \leq D$。参考 ETSI TR 102 638 的参数设定,当 $T=500\text{ms}$,$D=150\text{m}$,$v=130\text{km/h}$ 时,满足以上要求。

(四)通信方式

RSU 具备短程无线通信能力,通过 V2I 的方式对支付场景(如 ETC、交通罚款)的支付服务和活动状态进行广播。HV 须具备短程无线通信能力,通过 V2I 的方式将支付请求发送给接收 RSU,随后与 RSU 建立 P2P 单播会话,完成相应电子支付流程。

(五)基本性能要求

VNFP 的基本性能要求如下:主车车速范围为 0～130km/h;通信距离≥150m;数据更新频率≤1Hz;系统延迟≤500ms;为满足金融消费级安全等级,需要在 V2X 设备内嵌符合金融安全要求的设备或模拟程序。

(六)数据交互需求

VNFP 数据交互需求(车辆数据与 RSU 数据)见表 3-21。

VNFP 数据交互需求（车辆数据与 RSU 数据）　　表 3-21

数　据　集	数　　据	单　位	备　注
时间			
车辆支付数据集	车辆识别码		
	车辆类型		
	车体尺寸	m	
	车速	m/s	
路侧支付数据集	RSU 标识		
	RSU 地理位置	经纬度	
	支付信息（组成做了分解）	支付账户	
		支付金额	
		支付票据	
		其他摘要	

技能实训

实训项目　典型应场景功能测试与工作原理验证

课程名称：_____　　日期：_____　　成绩：_____

学生姓名：_____　　学号：_____　　班级：_____

任务载体	具备智能智慧交通沙盘 1 套、自动驾驶小汽车 4 套、上位机、障碍物 1 批
任务目标	1. 依据任务载体说明书，制定功能测试方案
	2. 完成前向碰撞预警功能测试与工作原理验证
	3. 完成交叉路口碰撞预警功能测试与工作原理验证
	4. 完成左转辅助功能测试与工作原理验证
	5. 完成盲区预警/变道辅助功能测试与工作原理验证
	6. 完成逆向超车预警功能测试与工作原理验证
	7. 完成紧急制动预警功能测试与工作原理验证
	8. 完成异常车辆提醒功能测试与工作原理验证
	9. 完成车辆失控预警功能测试与工作原理验证
	10. 完成道路危险状况提示功能测试与工作原理验证
	11. 完成限速预警功能测试与工作原理验证
	12. 完成闯红灯预警功能测试与工作原理验证
	13. 完成弱势交通参与者碰撞预警功能测试与工作原理验证
	14. 完成绿波车速引导功能测试与工作原理验证
	15. 完成车内标牌功能测试与工作原理验证
	16. 完成前方拥堵提醒功能测试与工作原理验证
	17. 完成紧急车辆提醒功能测试与工作原理验证
	18. 完成车辆近场支付功能测试与工作原理验证

续上表

项 目	步 骤	操作记录
1. 方案制作	1. 根据典型运用场景项目制定各单项运行环境及技术指标,以完成试验任务指标	
	2. 通过观看已有资源,进一步优化制定的指标,确认是否能够完成试验要求	
	3. 制定完整试验计划,包括时间安排、人员安排、安全保障、试验记录要求、成果要求等内容	
	4. 针对试验所需设备、软件、场地等,通过检查制定设备设施状态、操作方法技术工单	
2. 测试内容选择	1. 前向碰撞预警功能测试	
	2. 交叉路口碰撞预警功能测试	
	3. 左转辅助功能测试	
	4. 盲区预警/变道预警功能测试	
	5. 逆向超车预警功能测试	
	6. 紧急制动预警功能测试	
	7. 异常车辆提醒功能测试	
	8. 车辆失控预警功能测试	
	9. 道路危险状况提醒功能测试	
	10. 限速预警功能测试	
	11. 闯红灯预警功能测试	
	12. 弱势交通参与者碰撞预警功能测试	
	13. 绿波车速引导功能测试	
	14. 车内标牌功能测试	
	15. 前方拥堵提醒功能测试	
	16. 紧急车辆提醒功能测试	
	17. 汽车近场支付功能测试	
3. 仿真场景试验实施	1. 仿真自动驾驶车辆符合性检查	
	2. 仿真智慧交通系统设备符合性准备	
	3. 仿真场景测试条件检查	
	4. 根据事先做好的工单依次进行试验,并全程摄像	
	5. 针对每个试验内容,重复进行三次试验	
	6. 整理并剪辑试验过程影像资料	
	7. 把每个试验内容和相应操作影像资料对应上传至试验人员名下	

续上表

4.试验评价	1.依照试验内容选择功能性及工作原理性评价内容		
	2.依照影像资料判定实施试验的正确性,评估是否掌握功能测试技能		
	3.针对试验的内容和实施过程进行综合评价,绘制出各个试验项目的工作原理图		
小组互评 第___组	组员学号		
	组员姓名		
	互评分		
教师考核			

思考与练习

一、判断题

1. 前向碰撞预警场景中,若 HV 跟随 RV-2 正常行驶,RV-1 在同一车道上 RV-2 的正前方停止,HV 的视线被 RV-2 遮挡,则 RV-2 也应具备短程无线通信能力才能保证应用场景的有效性。(   )

2. 在碰撞预警时,需确保 HV 驾驶人收到预警后,能有足够的时间采取措施,避免发生碰撞。(   )

3. 交叉路口碰撞预警场景中,若 HV 车速为 80km/h,则可能发生预警失效。(   )

4. 在左转辅助场景中,若 RV 不具备短程无线通信能力,则场景一定无法执行。(   )

5. 在双向单车道的城郊路段,当 HV 准备进入逆行车道超车时,若逆向行驶的 RV 车速高于 70km/h 时,则逆向超车预警无效。(   )

6. 当道路存在危险状况时,附近 RSU 或临时路侧设备对外广播道路危险状况提示信息,HV 收到道路危险状况提示,此时通信方式为 V2I。(   )

7. 电子不停车收费(ETC)属于汽车近场支付场景。(   )

二、选择题

1. 弯道行驶时,右后相邻车道的 RV 进入盲区后,HV 此时变道,则 HV 驾驶人会收到(   )。

  A. 只有 BSW 提醒　　　　　　　　B. 只有 LCW 报警
  C. 先 BSW 提醒后 LCW 报警　　　D. 先 LCW 报警后 BSW 提醒

2. 紧急制动预警场景下,HV 和 RV 须具备短程无线通信能力,此时通信传递方式为(   )。

  A. V2V　　　　B. V2I　　　　C. V2P　　　　D. V2X

3. HV 根据 RV 广播的消息,判断 RV 车速显著低于周围其他车辆,识别出其属于异常车辆,则此时 HV 驾驶人将收到( )。

  A. 前向碰撞预警 B. 异常车辆提醒 C. 紧急制动预警 D. 限速预警

 4. 闯红灯预警时,HV 须根据 GNSS 地理信息定位并计算与停止线间距离,则定位精度要求为( )。

  A. ≤15m B. ≤10m C. ≤5m D. ≤1.5m

 5. 弱势交通参与者碰撞预警场景中,可利用的通信方式为( )。

  A. V2V 和 V2P B. V2P 和 V2I C. V2P 和 V2N D. V2V 和 V2I

三、简答题

1. 车与车之间的信息交互场景分为哪几类?
2. 前向碰撞预警包括哪几种主要场景?
3. 左转辅助场景下若有多辆迎面车辆,如何筛选出最具碰撞威胁的车辆并预警?
4. 车辆如何和行驶方向上可能发生冲突的行人实现通信或感知?
5. 前方道路拥堵时,如何向车辆发送拥堵信息?

模块四 一致性互联互通调试及测试

学习目标

▶ **知识目标**

1. 能够列举车载单元的概念以及子系统；
2. 学习解释路侧单元的功能以及相关要求；
3. 学习开展测试环境下的部署任务；
4. 学会分析测试的相关参数和指标；
5. 学习评价测试内容和结果分析方法。

▶ **技能目标**

1. 能描述车载单元OBU以及子系统的功能；
2. 能描述路侧单元(RSU)的功能；
3. 能结合相关案例重构场景搭建的步骤；
4. 能分析测试参数、指标和结果。

▶ **素养目标**

1. 通过对通信单元的调试，培养学生严谨的工作态度和精益求精的工匠精神；
2. 通过小组合作完成学习任务，培养学生的团队精神；
3. 通过查询、检索、总结，培养学生自主学习的能力和创新精神；
4. 通过制订计划，培养学生较好的逻辑思维和表达能力。

建议课时

8课时

一 车载单元(OBU)

(一)概述

作为C-V2X技术的车载单元，OBU利用PC5口语RSU/OBU进行通信，实现C-V2X中的

V2V、V2P、V2I 和 V2N 功能,支持全自动驾驶服务。如图 4-1 所示,OBU 包括了以下子系统。

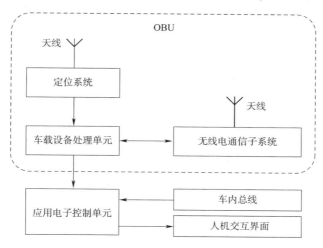

图 4-1　OBU 的构成

（1）无线电通信子系统。无线电通信子系统用于接收和发送空中信号。一个车载设备中可以装配一个或多个无线电通信子系统。

（2）定位系统。该子系统通常包含 GNSS 接收器,用以提供车辆的位置、方向、速度和时间等信息。该子系统可以通过车速信号、惯性测量单元、差分定位系统等技术来实现增强定位。

（3）车载设备处理单元。车载设备处理单元运行程序以生成需要发送的空中信号,以及处理接收的空中信号。

（4）天线。天线用以实现射频信号的接收和发送。

车载设备通过接口与应用电子控制单元相连,应用电子控制单元中运行程序实现车用通信系统的应用,并通过人机交互界面,以图像、声音、振动等方式,来实现对驾驶人的提醒。在某些场合,应用电子控制单元和车载设备处理单元在一个物理设备中实现。

（二）每辆汽车的 OBU 输入与输出

1．输入数据

（1）GNSS 定位数据:包括经度、纬度、海拔、航向角、位置精度等。

（2）SENSOR 数据:即三轴加速度和横摆角速度。

（3）CAN 数据:车辆制动状态、转向灯状态、危险报警闪光灯状态、速度、转向盘转角等。

（4）PC5 数据:从接入层(空口)接收到的其他 OBU 或 RSU 发送的数据。

（5）路侧单元(RSU)数据:接收路侧单元(RSU)的交通信号灯、交通标志、障碍物数据(无线电波通信)。

2．输出数据

（1）本车及远车实时位置数据。

（2）信号灯实时状态数据。

（3）V2V 预警数据:包括预警危险车辆信息(车辆 ID、经纬度、航向角、本车距离预警车辆的距离等)。

(4)V2I 预警数据:包括 RSI 预警类型及当前车辆距离预警点的距离等。

(5)弱势交通参与者预警信息。

(6)预警取消数据。

(三)OBU 软硬件架构

1. 软件架构

OBU 软件包括通信、消息处理、设备管理和应用服务四部分,如图 4-2 所示。软件工作要求需满足以下条件:OBU 软件支持 Open Linux 系统;支持 Open CPU SDK。OBU 支持系统日志的分级保存与断电不丢失,并支持日志的获取,便于故障分析。

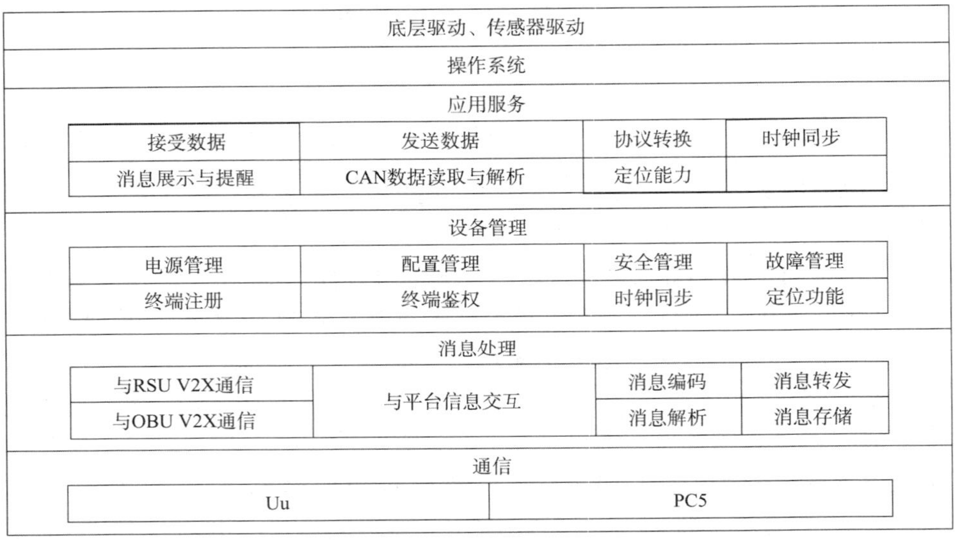

底层驱动、传感器驱动
操作系统
应用服务
接受数据
发送数据
协议转换
时钟同步
消息展示与提醒
CAN数据读取与解析
定位能力
设备管理
电源管理
配置管理
安全管理
故障管理
终端注册
终端鉴权
时钟同步
定位功能
消息处理
与RSU V2X通信
与平台信息交互
消息编码
消息转发
与OBU V2X通信
消息解析
消息存储
通信
Uu
PC5

图 4-2　OBU 系统软件架构示意图

2. 硬件架构

OBU 硬件由通信、存储与核心单元组成,如图 4-3 所示。支持 Wi-Fi/BT、定位功能,外围单元支持状态指示、硬件重启、音视频接口、屏幕显示接口、数据与调试接口、SIM 卡和硬加密功能。

OBU
电源
供电
核心单元
AP(集成C-ITS协议集)
外围单元
其他无线
Wi-Fi/BT
存储单元
内部存储
外部存储
指示灯
硬重启
外部接口
SIM
硬加密
定位
GPS/北斗
通信单元
Uu
PC5

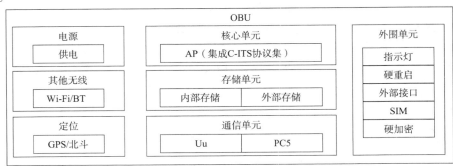

图 4-3　OBU 系统硬件架构示意图

二 路侧单元（RSU）

（一）概述

RSU 作为 C-V2X 技术的路侧单元，负责接收交通信号机/应用服务器下发的路况信息等实时交通信息，并动态播报给通行车辆，降低、规避交通事故，提升交通通行效率。同时，它将从 OBU 获取的信息上报应用服务平台。在高速公路、车场管理中，在路侧安装 RSU，建立无人值守的快速专用车道。

RSU 的设计，遵循《电子收费 专用短程通信》（GB/T 20851），通信频率为 5.8GHz。RSU 由高增益定向束控读写天线和射频控制器组成。高增益定向束控读写天线是一个微波收发模块，负责信号和数据的发送/接收、调制/解调、编码/解码、加密/解密；射频控制器是控制发射和接收数据以及处理向上位机收发信息的模块。RSU 一般会有 4 个 PSAM 卡插座。在高速公路、车场管理中，都采用 DSRC 技术实现不停车快速车道。

RSU 的基本功能包括业务、管理和安全三类，其中业务能力围绕 V2X 业务的实现，汇集路侧交通设施和道路交通参与者的信息，上传至 V2X 平台，并将 V2X 消息广播给道路交通参与者；管理功能负责完成设备的认证、管理与维护；安全功能负责实现 RSU 设备自身，以及 RSU 与其他交互对象之间信息交互的安全保护。RSU 功能及关系网如图 4-4 所示。

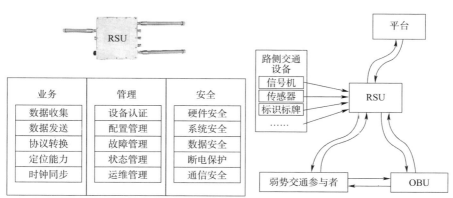

图 4-4　RSU 功能及关系网

（二）业务功能

1. 数据收集

RSU 支持路侧交通基础设施数据和道路交通参与者数据的收集，包括通过有线或无线收集路侧交通设备数据、通过 PC5 接收车辆数据和弱势交通参与者数据、通过 Uu 或光纤接收平台下发数据等。

2. 数据发送

RSU 支持路侧基础交通设施和 V2X 消息等数据的发送，包括通过 Uu 或光纤向平台上报数据、通过 PC5 广播从平台接收的数据、高精度定位辅助数据的转发等。

3. 协议转换

RSU 收集的数据类型复杂多样,为保证数据的正确接收和解析,RSU 支持数据的协议转换,转换的数据包括通过有线方式收集的路侧交通设施数据和通过 PC5 监听的交通参与者数据。转换后的数据格式应满足《合作式智能运输系统　车用通信系统应用层及应用数据交互标准(第二阶段)》(T/CSAE 157—2020)的要求。

4. 定位能力

RSU 支持 GPS/北斗定位,支持自身 GNSS 位置信息上报到平台,并支持平台对位置信息的查询。

5. 时钟同步

RSU 支持时钟同步,时钟同步方式包括 GPS/北斗时钟同步、基站时钟同步和混合时钟同步,其中优先支持 GPS/北斗时钟同步。

(三)管理功能

1. 设备认证

RSU 支持和采用 GBA 初始安全配置机制向平台发起身份认证,申请并获取证书。

2. 配置管理

RSU 支持远程和本地两种参数配置方式;支持平台对其相关参数信息的查询。

3. 故障管理

RSU 支持故障上报与处理,故障信息统一格式存储与上报;支持软复位和硬复位启动。

4. 状态管理

RSU 支持实时状态的查询和上报,包括连接状态、故障状态、工作模式、电源状态等。

5. 运维管理

RSU 支持平台对其进行远程运维管理,包括权限管理、升级管理、账户管理等;RSU 支持通过 USB/网口连接设备对其进行本地运维管理。

(四)安全要求

1. 硬件安全

RSU 支持硬件加密,满足认证、鉴权、数据的加密;应具备固件芯片的物理写保护功能,防止固件被篡改。

2. 系统安全

RSU 系统应使用安全的通信协议保障管理通道安全;支持防攻击保护,防止设备参数或数据内容被攻击,影响 RSU 设备的正常运行。

3. 数据安全

RSU 支持设备参数防篡改,以避免影响设备的正常工作;同时支持接收和发送消息的高速加解密处理,防止消息被篡改或伪造后,设备发送虚假的数据。

4. 断电保护

RSU 支持在运行状态遇到异常断电时的数据自动保存，防止数据丢失。

5. 通信安全

RSU 设备的通信安全应符合 CCSA 中《基于 LTE 的车联网通信安全总体技术要求》的规定。

三 场景搭建

（一）概述

随着 C-V2X 技术的不断发展和标准体系的不断完善，车联网行业进入了关键的商业化落地阶段。但是在真实交通环境下大规模实际应用之前，依然还有许多问题尚未解决，其中，基于真实交通场景下的大规模终端设备的通信性能测试依然是比较空白的状态，亟须用一套完善的方案进行测试与研究。

相关业界从 2019 年底到 2020 年 10 月先后进行仿真测试、试验室内场测试和外场测试，共同探究基于 LTE-V2X 的大规模终端设备在真实环境下的通信情况，并向行业发布测试研究报告。

C-V2X 大规模测试的目的是通过测试验证真实交通场景下 LTE-V2X 在不同参数配置下的大规模通信性能，测试验证已有的标准体系及技术规范，测试探究未定的技术参数对测试结果的影响。希望能够通过测试结果反映出的问题，指导今后工作的发展，为标准的制定提供依据，促进行业标准的完善。

大规模测试中包括两种典型的交通环境，交叉路口场景和直行道路场景，以探究真实的交通拥挤环境中，车辆间 BSM 消息的通信性能。为了探究现行拥塞控制算法、不同资源池分配策略（10MHz+10MHz 双资源池和 20MHz 单资源池）对通信表现的影响，对对比测试的结果进行分析，为算法的优化和信道设计提供数据参考。车辆密度的变化也在研究结论之内，以为现有 LTE-V2X 通信容量的考察提供依据。RSU 覆盖性能的测试也包括在内，RSU 和 OBU 使用 10MHz+10MHz 双资源池、RSU 和 OBU 混用 20MHz 单资源池的对比可以为 V2X 的资源池划分标准讨论提供指导。此外，本次测试对移动车辆参与交通的场景进行了简单测试，并给出了初步结论，为之后更多的测试场景打下基础。

（二）测试环境

1. 场地环境

如图 4-5 所示，国家智能汽车与智慧交通（京冀）示范区海淀基地拥有全球第一条 V2X 潮汐开放试验道路，占地面积 850 亩❶，道路规模为 800km，测试场地提供典型的交通环境：直行道路和交叉路口，支持真实交通场景下（高速+城市+郊区）的 C-V2X 大规模测试。在测试道路两旁，架设高架杆和交通信号灯，可用于装配 RSU 设备。

---

❶　1 亩 = 666.6 m²。

图 4-5 国家智能汽车与智慧交通(京冀)示范区海淀基地

2. 设备部署

1) OBU 部署

在大规模测试的外场测试中,使用 202 台 OBU 设备进行测试。其中,198 台 OBU 设备部署在 6 爪平板车上,每个平板车搭载 6 台设备,每台 OBU 设备可以通过 4G 信号连接云端控制平台,由星云 C-V2X 规模化测试系统监控 OBU 设备运行状态,并远程下发测试命令。测试结束后,通过平板车上的管理终端在本地回收测试日志。平板车共计 33 台,静止摆放在测试场地中。剩下 4 台 OBU 设备用于移动车参与交通的场景。

OBU 设备装配在 6 爪平板车上的效果如图 4-6 所示,设备主体装载在平板车下方的机箱中,采用移动电源供电或路侧固定电源供电。设备连接四合一组合天线,支持 LTE-V2X 全频段发送,相邻两个天线之间间隔至少 1m。平板车装配

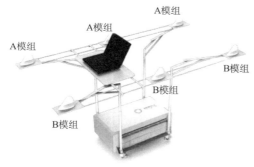

图 4-6 测试车 OBU 装配图

两排天线架,每排天线架安装 3 台同模组 OBU,两排天线架即 3 台模组 A 设备,3 台模组 B 设备,共计 6 台 OBU 设备,用以模拟双车道上的 6 辆车。

2) RSU 部署

在大规模测试的外场测试中,总共使用 2 台 RSU 设备进行测试。RSU 设备部署在路侧设施的顶端,每台设备连接全向玻璃钢天线,具有较好的方向覆盖性。为了模拟真实交通中 RSU 的架设,测试中分别进行单 RSU 部署和双 RSU 部署,讨论周围环境(树木、房屋)干扰对 RSU 覆盖性能的影响。

3)设备摆放

测试车摆放在测试道路上,静止不动,每台测试车间距为 10m,模拟真实交通中车辆所占的区域。测试车总计 33 台,编号依次为 1~33 号。直行路段和交叉路口测试车的摆放示意图如图 4-7、图 4-8 所示。

图 4-7　直行道路测试车摆放示意图

图 4-8　交叉路口测试车摆放示意图

如图 4-9 所示,移动车测试过程中,在直行道路上摆放全部静止测试车作为背景车,形成道路拥挤区域。移动车辆以不同的速度行驶经过拥挤路段。

图 4-9　移动车测试场景

RSU 设备装配在路侧设施顶端,接近真实道路中 RSU 的部署,如图 4-10 所示。

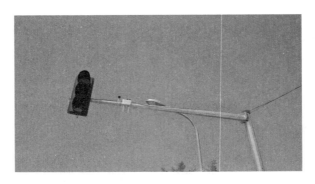

图 4-10　RSU 部署

四　调试、测试参数与指标

（一）测试参数配置

测试过程中涉及的参数主要分为五部分：接入层参数、网络层参数、应用层参数、通信安全参数以及其他参数。其中已有标准明确规范的参数，在测试中不做更改，遵循标准的规定进行配置，其余参数按照具体测试项目需求进行配置。

1. 接入层参数

1）发射功率

OBU 发射功率：23dBm；RSU 发射功率：23dBm。

2）信道配置

信道 1：5905～5925 频段，OBU 与 RSU 共用 20MHz 信道；信道 2：OBU 使用 5905～5915 频段的 10MHz 信道，RSU 使用 5915～5925 频段的 10MHz 信道。

2. 网络层参数

网络层实现遵循《基于 LTE 的车联网无线通信技术　网络层技术要求》（YD/T 3707—2020）的规定。

3. 应用层参数

1）消息格式

OBU 与 RSU 按照自定义格式发送大规模测试消息。其中，OBU 仅发送一种字节长度固定的消息，模拟真实场景下的 BSM 发送过程；RSU 发送 4 种不同字节长度的消息，模拟真实场景下 RSU 发送 RSM、RSI、SPAT、MAP 4 种消息的过程。

2）消息大小与频率

OBU 发送的数据包大小与频率如下。300 字节（10Hz）：模拟 OBU 周期发送 BSM 消息；450 字节（触发式）：模拟 OBU 发送关键事件的 BSM 消息。

RSU 发送的数据包大小与频率如下。350 字节（2Hz）：模拟 RSU 周期发送 SPAT 消息；600 字节（10Hz）：模拟 RSU 周期发送 RSM 消息；1000 字节（2Hz）：模拟 RSU 周期发送半静态 RSI 消息；1300 字节（1Hz）：模拟 RSU 周期发送 MAP 消息。

3）消息发送方式

OBU 消息发送方式遵循《基于 LTE-V2X 直连通信的车载信息交互系统技术要求》。RSU 消息发送方式遵循现行《基于 LTE 的车联网无线通信技术　直连通信系统路侧单元技术要求》(T/CSAE 159—2020)的要求。

在 C-V2X 大规模测试中，OBU 采用 SPS 方式发送 300 字节消息，优先级为 5。采用 event 发送关键事件消息，优先级为 2。RSU 采用 event 方式周期发送 4 种消息。对于 350 字节消息，优先级为 3。对于 600 字节消息，优先级为 5。对于 1000 字节消息，优先级为 6。对于 1300 字节消息，优先级为 8。

4）应用层拥塞控制

场景 1：不做拥塞控制；

场景 2：遵循《基于 LTE-V2X 直连通信的车载信息交互系统技术要求》的规定。

4. 通信安全参数

本次测试主要是针对大规模下终端通信性能的测试，而现阶段的消息安全验证策略主要体现为空口数据包增大，其主要影响为应用层时延增大，因此，需将通信安全的参数转化为应用层数据包的大小。在现阶段的测试中暂不对通信安全方面进行更多配置，留在下一阶段的测试中进行。

5. 其他参数

主要是车辆密度。在直行道路场景下，采用相同的摆放方式，同时开启 200 台终端/100 台终端/50 台终端，模拟不同的车辆拥塞程度。

(二) 测试指标

1. 信道繁忙率 (Channel Busy Ratio, CBR)

根据《基于 LTE 的车联网无线通信技术　空中接口技术要求》(YD/T 3340—2018)，CBR 为：对 PSSCH 信道，资源池内，通过在子帧 $[n\text{-}100, n\text{-}1]$ 上感知，UE 测量的 S-RSSI 超过某个（预）配置门限的子信道比例；对 PSCCH 信道，在 PSCCH（预）配置为与 PSSCH 在非相邻的资源块上发送的资源池内，通过在子帧 $[n\text{-}100, n\text{-}1]$ 上感知，UE 测量的 S-RSSI 超过某个（预）配置门限的 PSCCH 资源池资源的比例，并假定 PSCCH 资源池由频域大小为 2 个连续 PRB 对的资源组成。

2. 时延 (Delay)

时延是指从设备 A 的应用程序将应用层数据包（例如 BSM）传递到较低层的时间点到设备 B 从较低层接收到传递给应用程序的应用层数据包的时间点之间的时间间隔（单位：ms）。时延的计算方法如图 4-11 所示。

统计时，假设往返传输时延相同，设备 A、B 之间的平均时延计算步骤如下：

(1) 查询并记录 B 的收 log（日志文件）中，来自 A 的数据包 n 的发送时间 T_1 与接收时间 T_2。

(2) 查询并记录 A 的收 log（日志文件）中，来自 B 的数据包 m 的发送时间 T_3 与接收时间 T_4。其中，T_3 必须大于 T_2（通常 T_3 为大于 T_2 的第一个值）。

(3)根据公式 $t = [(T_4 - T_1) - (T_3 - T_2)]/2$ 计算 A、B 间的平均传输时延。

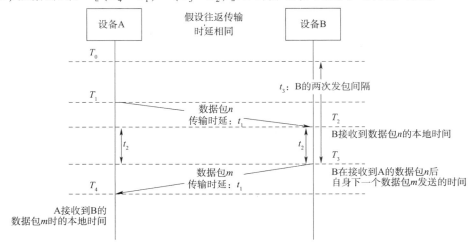

图 4-11 时延计算方法

一般来说,LTE-V2X 的端到端时延,与接入层的参数配置、拥塞状况、调度算法密切相关,最终体现的端到端时延是在平衡丢包、时延、接入数、数据包大小等一系列 QoS 指标的条件下确定的。对于 LTE-V2X 现阶段的应用需求,认为一般情况下 100ms 以内,均为符合要求的值。

3. 丢包率(Packet Error Ratio,PER)

(1)单一丢包率:设备 A 向设备 B 发送数据时,设备 B 接收设备 A 发送的数据中丢失的数据量占设备 A 所发送数据总量的比例。

(2)接收丢包率:设备 A 接收其他设备数据时的单一丢包率的平均值,记为设备 A 的接收丢包率。

(3)发送丢包率:其他设备接收设备 A 发送数据时单一丢包率的平均值,记为设备 A 的发送丢包率。

(4)100m 范围丢包率:考虑到实际行驶中,车辆 100m 范围内的通信较为关键,信息关系较为密切,故测试中更关注 100m 内的通信情况。这里,规定 100m 范围内的设备向设备 A 发送数据时,设备 A 接收规定范围内所有设备的接收丢包率,记为设备 A 的 100m 通信范围丢包率。

4. 发包间隔(Inter-Transmit Time,ITT)

设备 A 接收设备 B 数据时,设备 B 连续发送数据包的包间时间间隔。

5. 收包间隔(Inter-Packet Gap,IPG)

设备 A 接收设备 B 数据时,连续相邻两个数据包的包间时间间隔。

6. 消息生存周期(Information Age,IA)

设备 A 接收设备 B 数据时,接收端当前的时间与最近收到的数据包中包含的 GPS fix 时间之差。

7. 位置跟踪误差(Tracking Error,TE)

根据设备 A 的实际位置和设备 B 推算出来的设备 A 的位置差。

五 测试内容及结果分析

(一)测试内容

大规模测试中,根据测试计划,依次对 C-V2X 外场测试各项目进行调试和测试。外场测试项目及参数配置见表 4-1。

外场测试项目及参数配置　　　　　　　　　　　　　　　　表 4-1

编　号	测 试 项 目
1	交叉路口,OBU 与 OBU,10MHz,无拥塞
2	交叉路口,OBU 与 OBU,10MHz,有拥塞
3	交叉路口,OBU 与 OBU,20MHz,无拥塞
4	交叉路口,OBU 与 OBU,20MHz,有拥塞
5	交叉路口,OBU 与单路口 RSU,10MHz,有拥塞
6	交叉路口,OBU 与双路口 RSU,10MHz,有拥塞
7	交叉路口,OBU 与双路口 RSU,10MHz,无拥塞
8	交叉路口,OBU 与双路口 RSU,20MHz,有拥塞
9	直行道路,OBU 与道路中间单 RSU,10MHz,有拥塞
10	直行道路,OBU 与道路中间单 RSU,20MHz,有拥塞
11	直行道路,OBU 与道路两端 RSU,10MHz,有拥塞
12	直行道路,OBU 与道路两端 RSU,20MHz,有拥塞
13	直行道路,OBU 与 OBU,10MHz,有拥塞
14	直行道路,OBU 与 OBU,10MHz,无拥塞
15	直行道路,OBU 与 OBU,20MHz,有拥塞
16	直行道路,OBU 与 OBU,20MHz,无拥塞
17	直行道路,单移动车,10MHz,有拥塞,30km/h
18	直行道路,单移动车,10MHz,有拥塞,60km/h
19	直行道路,双移动车,10MHz,有拥塞,30km/h,20% 概率触发事件
20	直行道路,总数一半的 OBU 参与测试,10MHz,有拥塞
21	直行道路,总数一半的 OBU 参与测试,10MHz,无拥塞
22	直行道路,总数四分之一的 OBU 参与测试,10MHz,有拥塞
23	直行道路,总数四分之一的 OBU 参与测试,10MHz,无拥塞

选取基于真实场景参数配置情况下的测试结果进行分析。在当前的网联示范应用中,通常 OBU 设备在 5905～5915MHz 共 10MHz 的资源池中发送消息,RSU 设备在 5915～5925MHz 共 10MHz 的资源池中发送消息,应用层拥塞控制算法应当保持常开的状态。因此,在对以上测试项目进行分析时,将以上述典型场景进行测试指标的分析。

测试为期2周,共收集了11000份测试日志,总计超过200GB的数据文件。C-V2X大规模测试对真实道路拥挤场景下OBU设备间的通信进行了模拟,重点关注交叉路口和直行道路两种典型交通场景下的通信性能。拥塞控制、信道配置、车辆密度对通信性能的影响亦在本次测试之内,旨在提供更加详细、全面的数据指导。RSU的通信覆盖也是测试的一个重点,针对RSU信道分配产生的通信性能差异,结果分析部分也作出了讨论。此外,对移动车辆的通信进行了初步测试。

(二)车辆密度对通信性能的影响对比

1. 测试目的

探究不同车辆密度下,OBU设备之间通信性能的变化。

2. 测试用例

10MHz + 10MHz双资源池,开启拥塞控制,直行道路场景,测试车摆放位置不变。

用例1:198台设备全部开启(所有测试车);

用例2:开启102台设备(不改变整体测试车的摆放位置,均匀地开启设备);

位置3:开启54台设备(不改变整体测试车的摆放位置,均匀地开启设备)。

1)信道繁忙率(CBR)

10M信道配置,在开启拥塞控制的场景下,开启全部测试车,在车辆拥挤程度最高处(约110台OBU,半径100m范围内),CBR最高可达76%。车辆密度逐渐减小时,车辆拥挤程度最高处(约60台OBU,半径100m范围内和约30台OBU,半径100m范围内),CBR逐渐降低为55.7%和38.6%。显然,随着车辆密度的降低,对物理资源块的需求降低,CBR逐渐降低。测试车监听信道的平均CBR值如图4-12所示。

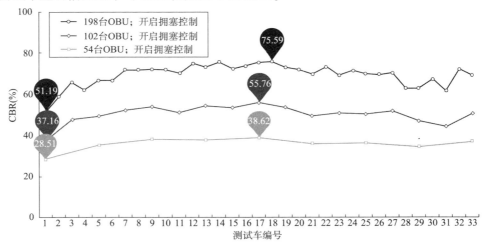

图4-12 测试车监听信道的平均CBR(标记点为最大值与最小值)

2)发包间隔(ITT)

受到拥塞控制算法影响,OBU设备密度较高处,设备发包间隔增加。结果显示,拥塞控制算法表现良好。在全部设备参与测试时,道路中间拥挤路段(约110台OBU设备,100m

半径范围)的测试车,发包间隔最高达到 423.4ms,符合拥塞控制算法计算的结果。测试车的平均发包间隔如图 4-13 所示。

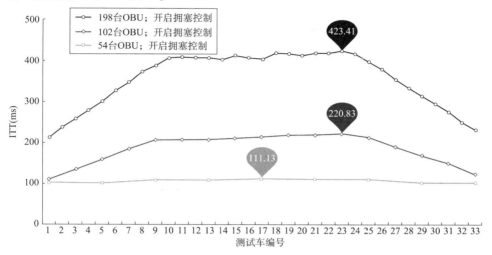

图 4-13　测试车的平均发包间隔(标记点为不同密度的最大值)

3)丢包率(PER)

在 100m(半径)通信范围内,OBU 设备数为 18 左右时,OBU 接收范围内其他 OBU 发送数据包的丢包率最低达到 0.7%,且在最拥挤路段,丢包率最高为 3.12%;而测试中拥挤程度最高时,100m 通信范围内的 OBU 设备数可达到 110 台左右,OBU 接收范围内其他 OBU 发送数据包的丢包率最高可到 9.44%。测试车通信范围 100m 内数据包的平均接收丢包率如图 4-14 所示。

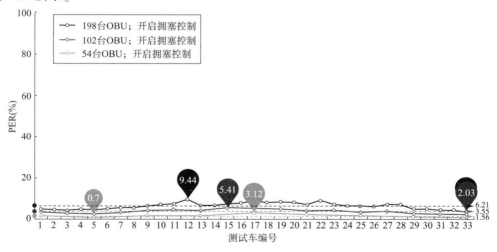

图 4-14　测试车通信范围 100m 内数据包的平均接收丢包率(标注点为不同密度的最大值与最小值)

4)时延(Delay)

三种不同密度下,平均传输时延随着 OBU 设备密度减小而降低,但降低幅度不大,相差约 10ms。在高密度时,CBR 较高,OBU 设备在底层通信时受到拥塞控制的影响,会在较大范围内选择通信资源,以避免资源块的使用冲突。资源调度时间的增加,增大了 OBU 设备应用层之间的传输时延。而在低密度情况下,CBR 未达到限值阈值,OBU 设备则可以快速地选择资源。测试车的平均传输时延如图4-15 所示。

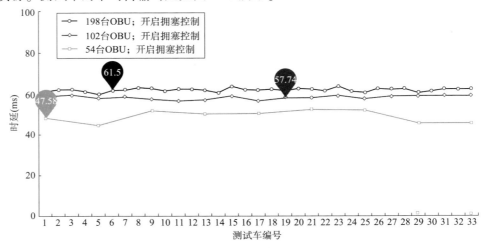

图4-15　测试车的平均传输时延

5)小结

对于直行道路拥挤路段,车辆密度的变化对于 OBU 设备间通信性能的影响非常明显。测试中最拥堵场景下,中间路段 100m 半径通信范围内约有 110 台 OBU 设备开启后,依次减少为 55 台左右 OBU 设备开启、27 台左右 OBU 设备开启,监听信道的 CBR 值依次为75.6%、55.7%、38.6%。可以看到,随着车辆密度的降低,物理资源块的竞争得到缓解,CBR 值降低;来自空口的数据被成功接收的概率也相应提高,数据包的传输成功率得到改善,丢包率从9.44%依次减少为 5.41%、3.12%。实际场景中,特别是城市道路高峰拥堵时段,车辆密度要高于测试场景1,因此,需要充分评估其对通信及应用的影响。

(三)交叉路口 OBU 间通信测试

1.测试目的

探究交叉路口拥挤场景下,不同位置测试车的通信性能。

2.测试用例

参数配置:10MHz+10MHz 双资源池,开启拥塞控制。

测试环境:以道路中心为坐标原点,建立直角坐标系,用以描述每台测试车的位置。测试环境以及每台测试车的编号及摆放位置,如图4-16、图4-17 所示。

1)信道繁忙率(CBR)

图4-18 所示为每台测试车监听信道 CBR 的平均水平。可以看到,十字路口中心为最拥挤处,100m 半径范围内 OBU 设备数约为 186 台,此时 CBR 有最大值79.6%。

2)发包间隔(ITT)

基于车辆密度的拥塞控制算法在设备静止的情况下,设备应用层的发包间隔主要受到设备周围 100m 内的车辆总数的影响,根据算法中 max_ITT 的计算公式,设备的发包间隔随车辆密度的增大而增大。当 100m 范围内车辆数达到 150 时,ITT 最高,为 600ms。在本次测试中,设备以测试车为单位,两测试车间的距离为 10m。因此,路口中心的车辆密度理论最高能够达到 190 台左右,发包间隔能够达到最大值 600ms。实际上,由于环境遮挡、GPS 定位精度误差、测试车摆放位置误差等因素的影响,路口中心的车辆密度在 186 台左右,最大发包间隔达到 576.8ms,且由路口中心向道路四周降低。

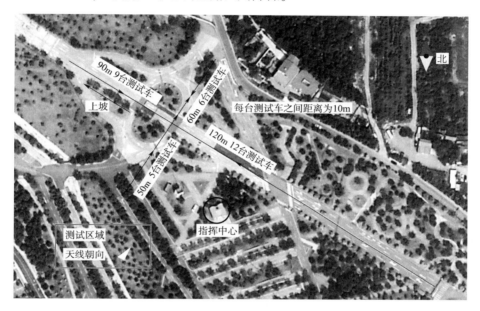

图 4-16　外场测试区域

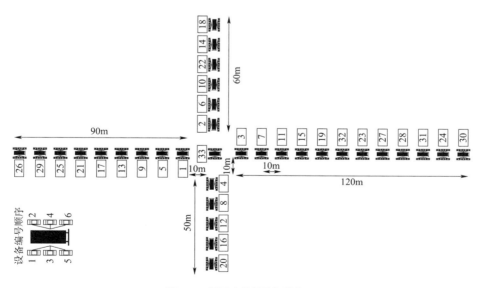

图 4-17　测试车编号及摆放位置

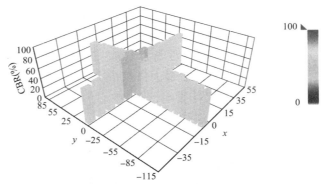

图 4-18 测试车监听的平均 CBR 与设备位置的关系

3) 时延 (Delay)

如图 4-19 所示,各测试车的平均传输时延均稳定在 50ms,与测试车的摆放位置无明显影响。

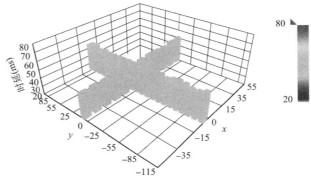

图 4-19 测试车的平均通信时延

4) 丢包率 (PER)

交叉口拥堵时,无须考虑过远距离的车辆间通信情况,更应关注附近车辆的通信情况,这里考虑 100m 半径范围内的通信。

图 4-20 结果显示,在交叉路口拥挤路段,测试车 100m 通信范围内数据包的平均接收丢包率均稳定在 6%。个别测试车受到地势及树木遮挡的影响,接收丢包率较高。

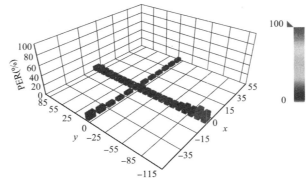

图 4-20 100m 通信范围内的各测试车平均接收丢包率

下面进行关键位置测试车通信性能的分析。以道路中心为坐标原点建立坐标系,使用坐标点描述每台测试车的位置。

如图4-21所示,道路中心测试车接收道路四周测试车发送数据包的平均丢包率基本稳定,平均值为7%。部分测试车由于所处位置地势的原因,导致中心测试车无法较好地接收来自其的数据包。

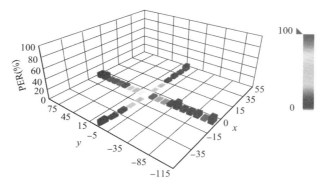

图4-21　中心测试车(33号车)接收道路四周测试车丢包率

如图4-22所示,道路四周测试车接收交叉路口中心测试车(33号车)发送数据包的平均丢包率大多在4%,较为稳定,中心测试车发送的消息具有较好的覆盖性。

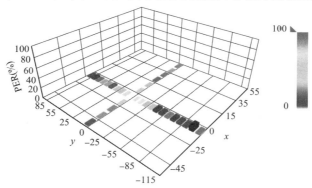

图4-22　道路四周测试车接收路口中心测试车(33号)丢包率

受到交叉路口区域周围房屋、绿化树木遮挡的影响,x轴方向的测试车与30号测试车(y轴负方向端点)测试车之间的通信表现较差,丢包率最高接近60%。同时由于天线的朝向(y轴正向测试车天线方向朝向30号车,y轴负方向测试车天线方向背向30号车),沿y轴正向测试车与30号测试车之间的丢包率随着距离增大而增大,但是到达交叉路口中心时再次降低,之后距离增加,丢包率再次增加,如图4-23、图4-24所示。

5)小结

由于测试场地的原因,实际测试中的交叉路口未能按照四周等长摆放测试车。最拥挤处为交叉路口的中心,100m通信范围内最多约为186台设备。监听信道最大的CBR值为79.6%,位于交叉路口中心的测试车的数据包发送间隔为576.8ms,基本符合拥塞控制算法的理论值。100m(半径)通信范围内,测试车接收数据包的丢包率基本在6%左右,表现较为理想。由于道路旁树木的遮挡,处于道路四周测试车的接收性能受到些许影响,接收丢包率最高达到 17.4%。

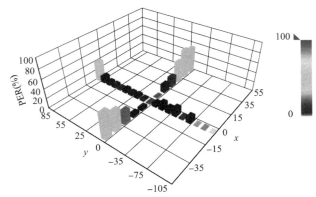

图 4-23　道路最南端测试车(30 号)接收其他测试车丢包率

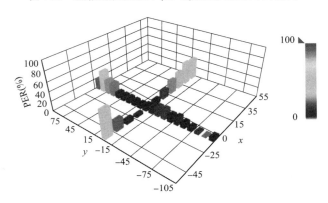

图 4-24　其他测试车接收道路最南端测试车(30 号)丢包率

道路四周测试车接收道路中间测试车的平均丢包率在 4% 以下,交叉路口中间位置测试车消息的覆盖表现较为良好。受到交叉路口四周道路旁房屋和绿化树木的遮挡,消息的传播衰减较大,相邻两条道路设备之间的接收性能较差。

(四) 直行道路 OBU 间通信测试

1. 测试目的

探究直行道路拥挤场景下,不同位置测试车的通信性能。

2. 测试环境

外场测试环境与测试车标号及摆放情况分别如图 4-25、图 4-26 所示。

3. 参数配置

10MHz + 10MHz 双资源池,测试 OBU 设备开启拥塞控制。

1) 信道繁忙率(CBR)

位于直行道路中间拥挤路段,100m 半径通信范围内约有 110 台 OBU 设备,此时 CBR 最高,达到 75.6%,如图 4-27 所示。

图 4-25 外场测试环境

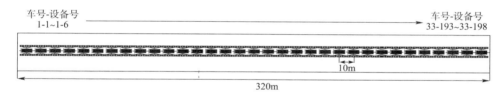

图 4-26 测试车标号及摆放

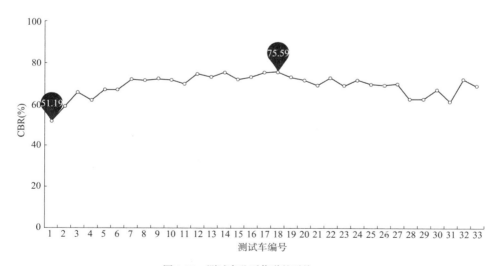

图 4-27 测试车监听信道的平均 CBR

2）发包间隔（ITT）

直行道路中间拥挤路段，在 100m 范围内约有 110 台 OBU 设备，位于其中的测试车的平均发包间隔最高为 423.4ms，符合拥塞控制算法的计算结果，如图 4-28 所示。

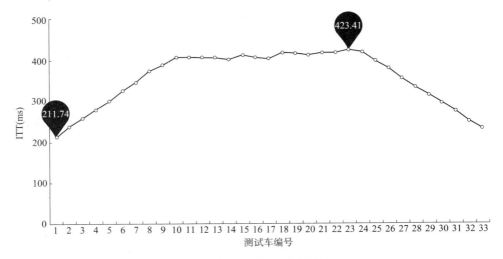

图 4-28　测试车的平均发包间隔

3）丢包率（PER）

100m 通信范围内，在道路最拥挤的路段（约 110 台 OBU 设备，100m 半径范围），测试车接收数据包的平均丢包率最高为 9.44%；在道路边缘，接收丢包率下降，最低为 3.39%；如图 4-29 所示。

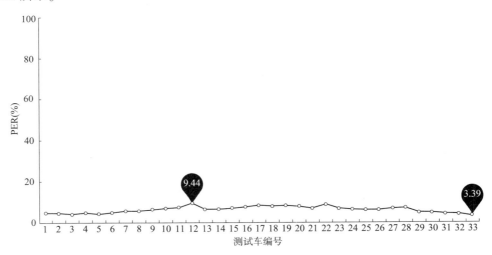

图 4-29　测试车 100m 通信范围内的平均接收丢包率

以下进行关键位置测试车通信性能的分析。如图 4-30 所示，x 轴表示其他测试车与关键位置测试车的距离，由于测试场地地势的原因和外界干扰，某些位置测试车的通信会受到影响，因此，丢包率出现波动。但整体的趋势仍然可以反映出，随着通信距离增加，关键位置测试车与其他测试车之间的丢包率增加。直行道路一端测试车与其他车的通信情况如图 4-31 所示。

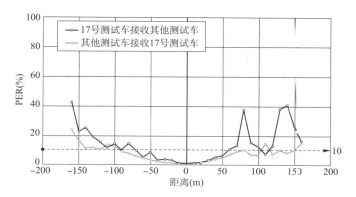

图 4-30 直行道路中点测试车与其他测试车的通信情况

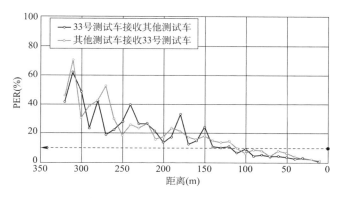

图 4-31 直行道路一端测试车与其他测试车的通信情况

4) 时延 (Delay)

如图 4-32 所示,各测试车之间的传输时延均稳定在 61.5ms 左右,与测试车的位置和设备的拥挤程度无明显变化。

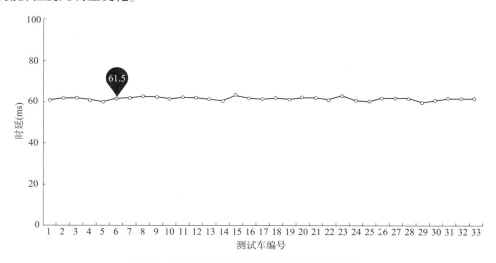

图 4-32 测试车之间的传输时延(标记点为平均值)

5) 小结

直行道路总长 320m 左右,共摆放 33 辆测试车。道路中间为拥挤路段,100m(半径)通信范围内约有 110 台 OBU 设备,位于其中测试车的平均 ITT 值最大为 423.4ms,符合应用层拥塞控制算法的计算结果,丢包率最高达到 9.44%。在拥挤条件下,OBU 设备对通信资源的竞争较为激烈,对数据包的接收造成干扰。通过分析关键位置测试车与其他测试车的通信,可以看到数据包传输的丢包率与距离的增加变化明显。

(五)拥塞控制算法对通信性能的影响对比

1. 测试目的

探究开启拥塞控制算法后对通信性能的影响。

2. 测试用例

直行道路拥挤场景下,OBU 设备之间的通信测试。

场景 1:10MHz + 10MHz 双资源池,开启拥塞控制(CC);

场景 2:10MHz + 10MHz 双资源池,不开启拥塞控制(noCC)。

1) 信道繁忙率(CBR)

如图 4-33 所示,拥塞控制算法对 CBR 的影响并不明显。在道路中间拥挤路段(约 110 台 OBU 设备,100m 半径范围内),未开启拥塞控制时,测试车监听信道的平均 CBR 最高达到 82.7%,而开启拥塞控制后,测试车监听信道的平均 CBR 最高仍达到 75.6%,相比未开启拥塞控制,仅降低 7%。需要注意的是,在测试中,通信模组的物理层是以 100ms 的固定周期进行通信资源的选择,应用层拥塞控制算法并未改变这个固定周期,可能因此导致在有无拥塞控制算法的影响下,CBR 都处于较高的水平。

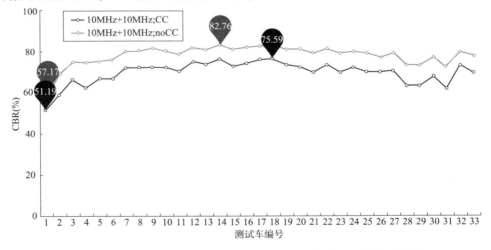

图 4-33 测试车监听信道的平均 CBR(标记点表示每个场景的最大值与最小值)

2) 发包间隔(ITT)

如图 4-34 所示,拥塞控制算法对测试车发包间隔的控制作用十分明显。在道路中间拥挤路段(约 110 台 OBU 设备,100m 半径范围内),测试车的发送间隔最大达到 423.41ms,符合拥塞控制算法的计算结果。

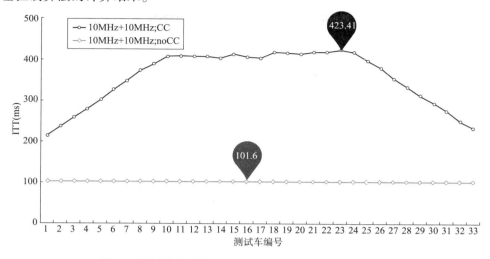

图 4-34　测试车的平均发包间隔（标注值为每个场景的最大值）

3）丢包率（PER）

开启拥塞控制后，测试车的接收表现得到明显提升，在道路中间拥挤路段，OBU 设备受到拥塞控制的影响，设备的发包间隔增加，降低了通信资源的调度频率，在一定程度上缓解了 OBU 设备间的竞争和接收端受到的干扰。丢包率测试结果如图 4-35 所示。未开启拥塞控制时，在道路中间拥堵路段（约 110 台 OBU 设备，100m 半径范围）测试车的平均接收丢包率高达 21.8%；而开启拥塞控制后，相同路段中测试车的丢包率最高为 9.4%，降低了 12% 左右。

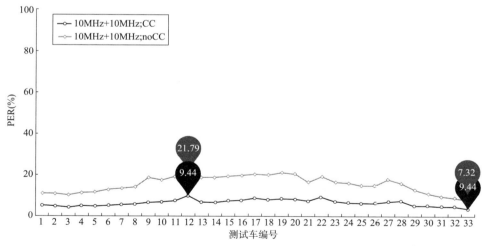

图 4-35　通信范围 100m 内，测试车接收数据包的平均丢包率（标注点为每个场景的最大值与最小值）

4）时延（Delay）

如图 4-36 所示，未开启拥塞控制时，各测试车之间的平均传输时延稳定在 44.6ms 左右，而开启拥塞控制后，各测试车之间的平均时延在 61.5ms 左右，相比增加了约 15ms。在高密度时,开启拥塞控制后,OBU 设备在底层选取通信资源时,为了避免资源冲突,花费更多的时间进行资源调度,而未开启拥塞控制,则不会开启该机制。

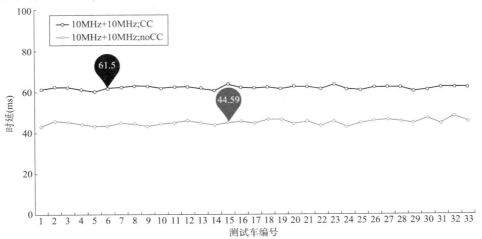

图 4-36　测试车的平均传输时延(标注点为每个场景的平均值)

5) 信息生存周期(IA,100ms 周期计算)

图 4-37 所示为不同测试场景下,道路中间设备接收道路端点设备的连续 IA 值。以 100ms 作为统计周期,对共计 500 个采样点进行观察。可以看到,开启拥塞控制后,IA 值稳定在 500ms 左右,说明道路中间设备每隔约 500ms 收到一次来自道路端点设备的数据包,连续接收较为稳定。而未开启拥塞控制时,IA 值出现连续的波动,道路中间设备会在较长时间(最大间隔 2.5s)无法收到来自道路端点设备的数据包,侧面反映道路中间设备接收道路端点设备的连续丢包率较高。

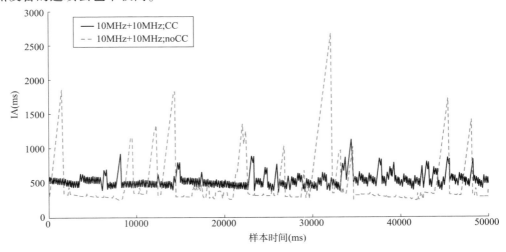

图 4-37　直行道路中间设备接收道路端点设备 IA 值(以 100ms 为周期,总计 500 个采样点)

6) 小结

拥塞控制算法通过增加应用层发送数据包的时间间隔,降低了 BSM 消息的发送频率,但是参与测试中的 OBU 设备数目并未减少,资源池的半持续调度方式(SPS)决定了 OBU 设备周期性地占用通信资源。可以看到测试结果中,对于直行道路中间拥挤路段,CBR 最大值为 75.6%,拥塞控制算法仅减少了 7% 左右的 CBR。

但是受到拥塞控制的影响,OBU 应用层发送数据包的间隔明显增加,有效缓解了 OBU 之间对于通信资源的竞争。在接收端,不同 BSM 消息之间的干扰降低,使得消息成功解调的概率增加,OBU 接收数据包的丢包率得到一定程度的改善。对于传输时延,拥塞控制算法在一定程度上增加了时延。拥塞控制算法最为显著的作用体现在信息生存周期方面,设备更新数据包的间隔更加稳定,非常显著地改善了 IA 的均匀程度。

(六)直行道路移动车辆通信测试

1. 测试目的

测试在不同速度下,移动车与其他测试车之间的通信性能,以及移动测试车在行驶过程中,接收 EVENT 消息的表现。

2. 测试环境

直行道路移动车辆通信测试外场环境如图 4-38 所示。

图 4-38　外场测试环境

3. 信道配置

10MHz + 10MHz 双资源池,测试 OBU 设备开启拥塞控制。

1)单移动车通过直行道路

单个移动车辆参与的场景中,希望探究静止测试车对于移动测试车的位置追踪误差。测试中,移动车分别以 30km/h 和 60km/h 的速度往返经过拥挤路段。

用位置追踪误差(Tracking Error,TE)表示设备 1 推算设备 2 的位置与设备 2 实际位置的误差。

本次测试中分别对两类 GPS 设备(米级精度 A 类设备和亚米级精度 B 类设备)进行了测试。结果表明,位置追踪误差指标受 GPS 模组精度的影响明显。GPS 模组精度越高,位置追踪误差越低,对于应用的准确性更高。此外,移动车辆速度增加后,静止测试车推算移动车辆的位置误差更大。两类 GPS 设备测试的位置追踪误差分别如图 4-39、图 4-40 所示。

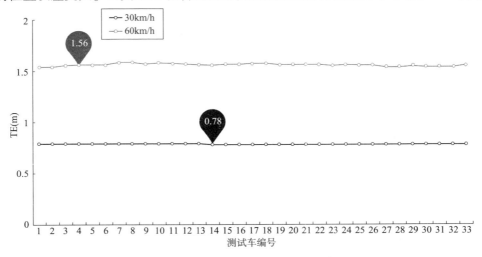

图 4-39　A 类 GPS 设备测试的位置追踪误差

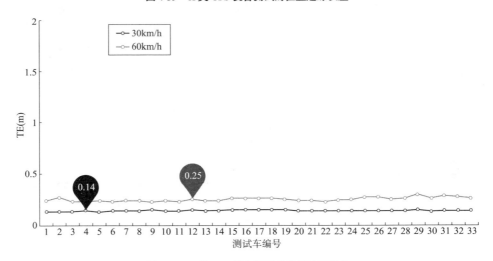

图 4-40　B 类 GPS 设备测试的位置追踪误差

2) 双移动车通过直行道路

双移动车保持 50m 左右的间距通过直行道路拥挤路段,两辆车的速度维持在 30km/h 左右。前面行驶的车一定概率触发 EVENT 事件,连续发送 10 次 EVENT 消息;后方追赶车辆测试前车发送的 SPS 消息和 EVENT 消息的接收情况。

双移动测试车先后经过 OBU 设备摆放低密度路段、OBU 设备摆放高密度路段、OBU 设备摆放低密度路段,使用标号 1、2、3 分别标识三个不同拥挤程度的区域路段。如下为后车接收前车发送的 SPS 消息和 EVENT 消息的情况。

(1) 丢包率 PER。

如图 4-41 所示, 三个不同拥挤程度的区域内, 后车接收前车 EVENT 消息的丢包率略高于接收前车 SPS 消息的丢包率。考虑到 EVENT 消息的发送机制不同于 SPS 消息, 且具有较高优先级, EVENT 消息的发送不受拥塞控制算法影响, 触发 EVENT 事件就会立刻发送, 但是在进行通信资源的选择时会有更大的概率发生冲突(在 OBU 设备较高密度时, 冲突概率更高), 容易受到较大的干扰, 不利于接收端的接收, 进而影响 EVENT 消息的丢包率。而 SPS 消息保持半持续调度的方式进行资源选择, 有 1000ms 的监听时间, 在选择通信资源时则不易发生碰撞。

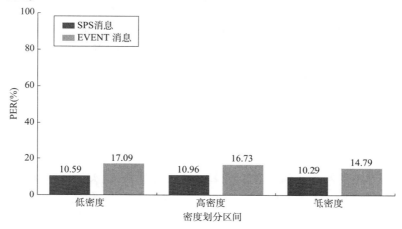

图 4-41　三个区域内 SPS 消息和 EVENT 消息的平均丢包率

(2) 收包间隔 IPG(最大值)。

EVENT 消息相较于 SPS 消息具有更低的收包间隔, 消息更新周期更快, 符合 EVENT 消息的设计目标, 主要原因是 EVENT 消息具有较高优先级, 不受拥塞控制算法的影响, 触发 EVENT 事件就会立刻发送。三个区域内 SPS 消息和 EVENT 消息的最大收包间隔如图 4-42 所示。

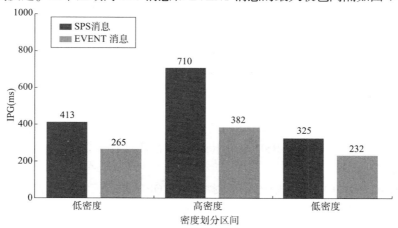

图 4-42　三个区域内 SPS 消息和 EVENT 消息的最大收包间隔

(3) 时延(Delay)。

图4-43测试结果表明,EVENT消息相较于SPS消息具有更低的传输时延,满足紧急的应用业务,符合EVENT消息的设计目标。

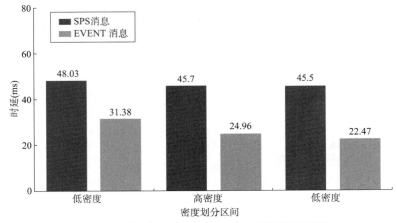

图4-43 三个区域内SPS消息和EVENT消息的传输时延

3) 小结

测试对移动车辆通过道路拥挤路段时的通信表现进行了初步探究,模拟堵车场景下,对向车道或者应急车道的两车通信。对于单车移动通行过程,更关注处于拥挤中的车辆接收路旁移动车的交通信息。这里使用了一个更加直观的指标——位置追踪误差(TE),来反映收发链路之间通信的稳定性,推算位置与实际位置误差较大,说明接收端无法及时更新数据,即在某一段时间内的连续丢包率较大,这在移动车速度不同(分别为30km/h和60km/h)时,差异明显。但这个指标受到GPS模组本身精度的影响较大,因此,研究中给出了两类GPS模组数据。对于双车移动通行过程,我们关注于前车触发EVENT事件后,后车是否能及时作出应对,于是展示了SPS消息和EVENT消息的对比。EVENT消息的发送机制不同于SPS消息的发送机制,不会受到拥塞控制的影响,触发EVENT事件,消息就会立刻发出,以及时通知后车为目标。测试结果中显示EVENT消息的传输时延为24ms左右,明显低于SPS消息的时延,符合设计目标。但是,信息为了较快地发送出去,在通信资源的选择时更容易发生碰撞,被成功接收的概率也会降低。

(七)交叉路口OBU与RSU间通信测试

1. 测试目的

探究交叉路口RSU的覆盖情况,RSU发送4种不同字节大小、不同优先级消息被OBU设备接收的差异性,以及部署双RSU对单RSU覆盖性能的补强情况。

2. 测试用例

RSU和OBU使用10MHz+10MHz双资源池时,OBU开启拥塞控制,交叉路口中间部署RSU和道路四周OBU的通信测试。

3. 测试环境

交叉路口OBU与RSU间通信测试外场环境如图4-44所示,单RSU部署和双RSU部署方式如图 4-45 所示。

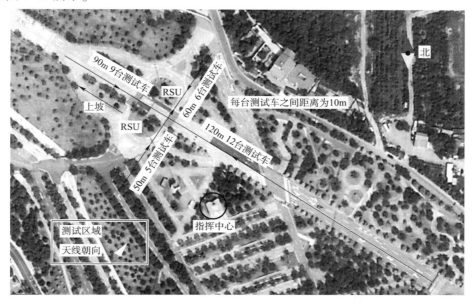

图 4-44　外场测试环境

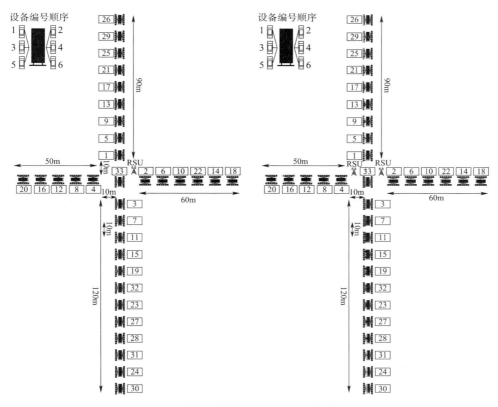

图 4-45　单 RSU 部署（左）和双 RSU 部署（右）

1) 丢包率 PER

以交叉路口中心为坐标轴原点建立坐标系，使用坐标点表示测试车的摆放位置。

(1) 测试车接收 RSU 发送 MAP 消息的丢包率如图 4-46 所示。

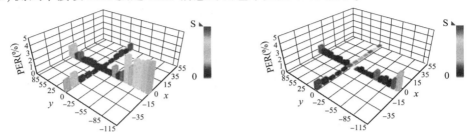

图 4-46　单 RSU(左)和双 RSU(右)(Z 轴最大值为 5%)

(2) 测试车接收 RSU 发送 SPAT 消息的丢包率如图 4-47 所示。

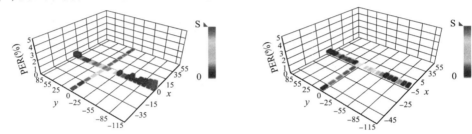

图 4-47　单 RSU(左)和双 RSU(右)(Z 轴最大值为 5%)

(3) 测试车接收 RSU 发送 RSM 消息的丢包率如图 4-48 所示。

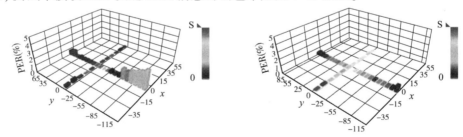

图 4-48　单 RSU(左)和双 RSU(右)(Z 轴最大值为 5%)

(4) 测试车接收 RSU 发送 RSI 消息的丢包率如图 4-49 所示。

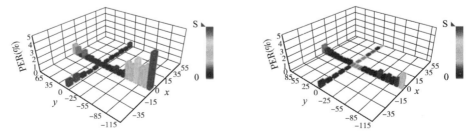

图 4-49　单 RSU(左)和双 RSU(右)(Z 轴最大值为 5%)

由于 RSU 摆放在 x 轴方向,所以对于 y 轴方向的覆盖较差,在 y 轴方向部署另一台 RSU 后,可以覆盖整个交叉路口,测试车接收 RSU 发送的四种消息的丢包率大多在 1% 以下。对于字节数较大的 MAP 消息(1300B),距离 RSU 超过 120m 后,测试车的接收丢包率稍有增加,但是丢包率最大值仅为 2.5%。可以看到,消息字节数增加,测试车的接收丢包率增加,但是差距并不大。

2)小结

在交叉路口部署双 RSU 对 RSU 消息的覆盖性能具有很大提升,即使对于字节数较大的 MAP 消息(1300B),测试车的接收丢包率平均约为 1%。对于 RSU 四种不同大小和优先级消息的覆盖表现,只有在距离 RSU 较远处才能保证较低差异,接收丢包率相差仅在 1% 左右。

(八)直行道路 OBU 与 RSU 间通信测试

1. 测试目的

探究直行道路 RSU 的覆盖情况,RSU 发送 4 种不同字节大小、不同优先级消息被 OBU 设备接收的差异性,以及部署双 RSU 对单 RSU 覆盖性能的补强情况。

2. 测试用例

RSU 和 OBU 使用 10MHz + 10MHz 双资源池时,OBU 开启拥塞控制,直行道路中间部署 RSU 和道路两端部署 RSU 时,进行 OBU 的接收性能测试。

3. 测试环境

直行道路 OBU 与 RSU 间通信测试环境及 RSU 部署情况如图 4-50 ~ 图 4-53 所示。

图 4-50　外场测试环境

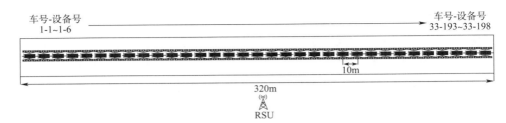

图 4-51 道路中间部署单 RSU

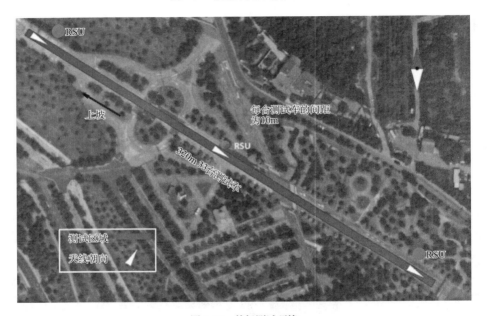

图 4-52 外场测试环境

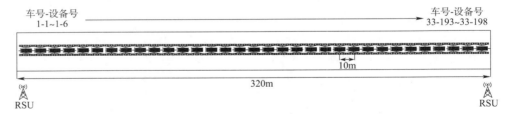

图 4-53 道路两端部署双 RSU

1) 丢包率(PER)

10MHz + 10MHz 双资源池,开启拥塞控制下,测试车接收 RSU 消息的平均丢包率如图 4-54 所示。

相较于道路中心部署单 RSU,在道路两端部署双 RSU,可以对拥挤路段(约 320m)的测试车具有极佳的覆盖效果,测试车接收 RSU 4 种消息的平均丢包率在 0.05% 左右,可以保证对整个路段的覆盖。部署单 RSU 时,字节数较大的 MAP 消息(1300B),测试车的接收丢包率最高达到 9.7%,但是部署双 RSU 后可以明显看到,MAP 消息的发送丢包率低于 1%。综合考虑 SPAT 消息(350B,优先级为 3)、RSM 消息(600B,优先级为 5)、RSI 消息(1000B,优先级为6)和MAP消息(1300B,优先级为8)4种消息,仅部署单RSU时,随着字节数增加,发送丢包率增加,但是差值低于1%,在距离RSU较远处,差异逐渐明显,如图4-55所示。

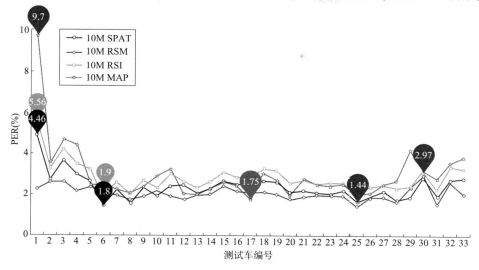

图4-54 测试车接收部署在道路中间单RSU 4种消息的丢包率

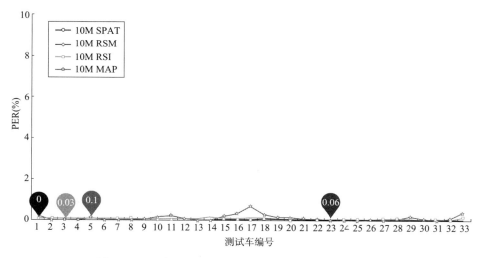

图4-55 测试车接收部署在道路两端双RSU 4种消息的丢包率

2)时延(Delay)

测试车接收部署在道路中间的单RSU。随着RSU消息占用字节大小的增加,消息的传输时延稍稍增加,但是差距并不明显。占用字节数最大的MAP消息(1300B)和占用字节数最小的SPAT消息(350B)之间的传输时延仅相差5ms,如图4-56所示。

3)小结

直行道路两端各部署一台RSU可以对该路段实现更好的覆盖性能,测试车接收4种消息的丢包率均在0.05%左右,表现极佳。

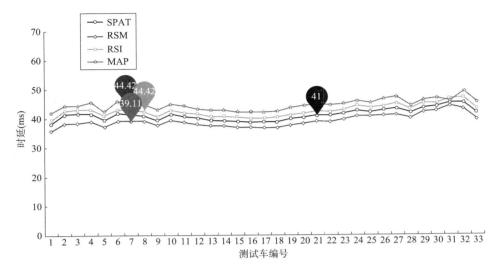

图 4-56　测试车接收单 RSU 4 种消息的时延

(九) 资源池配置对通信性能的影响对比

1. 测试目的

探究不同的资源池配置对 OBU 设备之间通信性能的影响;10MHz + 10MHz 双资源池以及 20MHz 单资源池时,OBU 之间、OBU 接收 RSU 消息的对比表现。

2. 测试用例

在直行道路拥挤路段下,OBU 设备间进行通信测试。

场景 1:10MHz + 10MHz 双资源池,开启拥塞控制(CC);

场景 2:20MHz 单资源池,开启拥塞控制(CC);

场景 3:20MHz 单资源池,不开启拥塞控制(no CC)。

1) 信道繁忙率(CBR)

10MHz + 10MHz 双资源池时,开启拥塞控制后,在道路拥挤程度最高处,OBU 设备数最多约为 110 台,测试车监听信道的平均 CBR 最大值约为 75.6%。20MHz 单资源池时,开启拥塞控制后,同样的拥挤路段,测试车监听信道的平均 CBR 最大值约为 49.1%,相比 10MHz + 10MHz 双资源池时下降了 25%。由此可见,可使用的信道资源翻倍,对 CBR 的影响十分明显,如图 4-57 所示。

2) 发包间隔(ITT)

车辆发送数据包的时间间隔与车辆密度有关,而资源池配置对该指标无影响,如图 4-58 所示。

3) 丢包率(PER)

分析部署 RSU 的直路道路场景,对比开启拥塞控制后不同资源池配置下的 OBU 间丢包率和 OBU 接收 RSU 消息的丢包率。

如图 4-59 所示,可用信道资源的提升对于测试车接收数据包性能的提升效果明显。

10MHz+10MHz 双资源池,开启拥塞控制,V2V 通信平均 PER 为 26.91%,道路中心拥挤处(约 110 台 OBU 设备),测试车接收数据包的丢包率最高达到 35.68%。20MHz 单资源池时,同样的拥挤路段,测试车接收数据包的丢包率平均值为 4.04%,最大值为 6.52%。

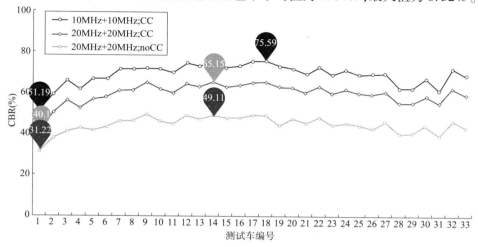

图 4-57 测试车监听信道的平均 CBR

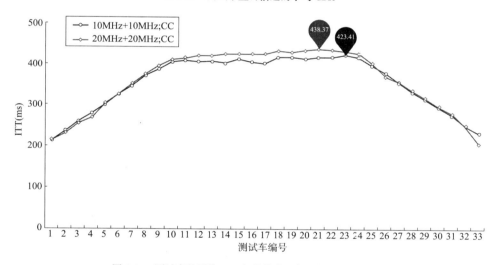

图 4-58 测试车的平均 ITT(标注值表示每个场景的最大值)

不同资源池配置下,测试车接收部署在道路中心单 RSU 发送的 SPAT 和 RSM 消息。

OBU 和 RSU 使用 10MHz+10MHz 双资源池时,各测试车接收 RSU 的 SPAT 和 RSM 消息的平均丢包率均在 10%,平均值约为 2%。

如图 4-60 所示,OBU 和 RSU 混用 20MHz 单资源池时,各测试车接收 RSU 消息的平均丢包率随距离变化十分明显,在距离道路中心 RSU 约 50m 半径范围内,RSU 消息的传播衰减较小,OBU 设备接收 RSU 消息时受衰落的影响较小,能够成功地接收来自 RSU 的消息,因此,平均接收丢包率在 0.65% 左右,甚至优于 10MHz+10MHz 双资源池时;而距离 RSU 较远处,RSU 消息的传播衰减增加,且受到同频段各类消息的干扰,测试车接收 RSU 消息的能力变弱,平均接收丢包率增加。

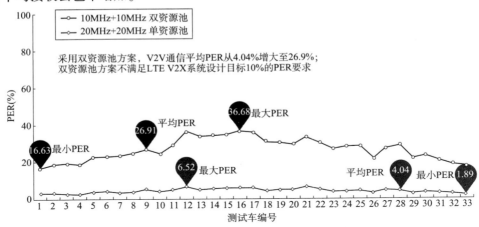

图 4-59　OBU 设备间接收数据包的平均丢包率

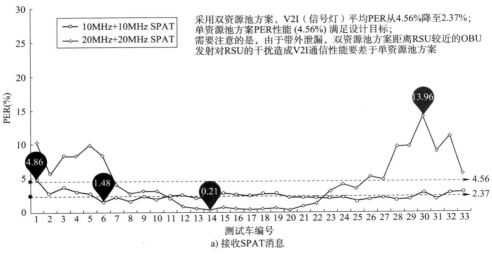

a) 接收SPAT消息

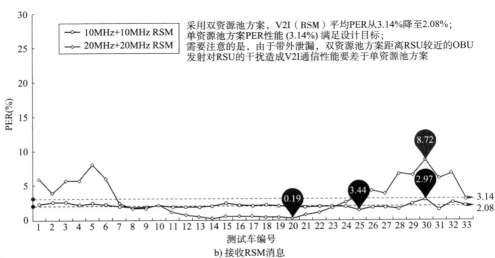

b) 接收RSM消息

图 4-60　不同资源池配置下,直行道路测试车接收道路中间 RSU 的 SPAT 和 RSM 消息的丢包率

不同信道配置下,测试车接收部署在道路两端 RSU 发送的 SPAT 和 RSM 消息。

如图 4-61 所示,道路两端 RSU 和 OBU 使用 10MHz + 10MHz 双资源池,或者道路两端 RSU 和 OBU 混用 20MHz 单资源池时,道路两端 RSU 均能很好地覆盖整条直行路段(约 320m),测试车接收 RSU 消息的平均丢包率均能保持在 1% 以下(RSU 和 OBU 使用 10MHz + 10MHz 双资源池时,测试车接收 RSU 消息的平均丢包率甚至可以保持在 0.1% 以下)。

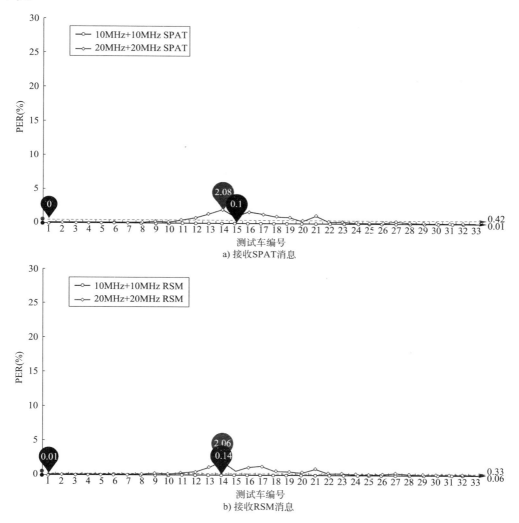

图 4-61　不同信道配置下,直行道路测试车接收道路两端 RSU 的 SPAT 和 RSM 消息的丢包率

4)时延(Delay)

如图 4-62 所示,不同的资源池配置下,OBU 设备间的传输时延无明显变化,均保持在 60ms 左右。

OBU 接收 RSU 四种消息的时延分别如图 4-63、图 4-64 所示。

由图 4-63、图 4-64 可以看出,RSU 和 OBU 使用 10MHz + 10MHz 双资源池,或者 RSU 和

OBU 混用 20MHz 单资源池下，OBU 接收 RSU 消息的时延均保持在 50ms 左右。不同的 RSU 消息之间，随字节数增加，接收时延增加，但仅相差 1ms 左右。由此可知，资源池配置对 RSU 消息的传输时延无明显影响。

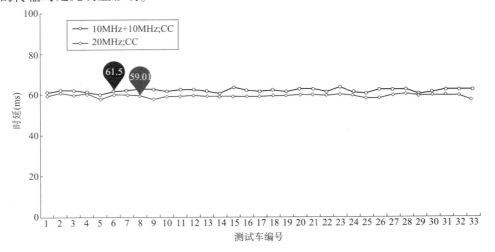

图 4-62　测试车的平均传输时延（标注点表示每个场景的平均值）

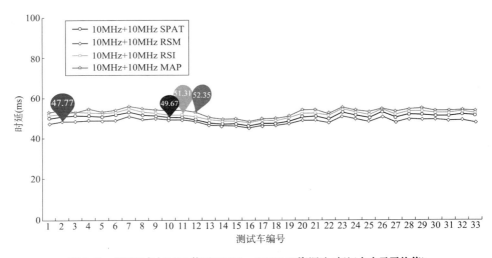

图 4-63　测试设备与 RSU 使用 10MHz+10MHz 双资源池（标记点表示平均值）

5）小结

信道资源的增加对 OBU 设备间通信性能的影响较为明显。10MHz+10MHz 双资源池下，开启拥塞控制后，位于直行道路中间拥挤路段（约有 110 台设备，100m 半径范围内）的测试车，监听信道的 CBR 最高可达到 75.6%；而在 20MHz 单资源池下，测试车监听信道的 CBR 最高为 49.1%。发送消息时可用带宽的扩展，丰富了测试车在每个发送时刻可选择的信道资源，因此，测试车接收数据包的丢包率得到改善。在 10MHz+10MHz 双资源池配置下，开启拥塞控制后，V2V 通信平均 PER 为 26.9%，道路中心拥挤处（约 110 台 OBU 设备），测试车接收数据包的丢包率最高达到 36.68%。在 20MHz 单资源池配置下，同样的拥挤路段,测试车接收数据包的丢包率平均值为4.04%,最大值为6.52%。

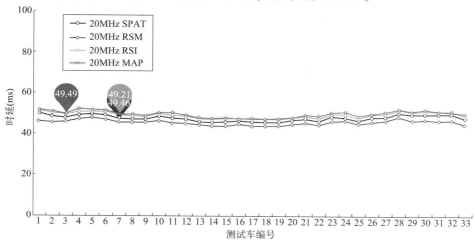

图4-64　测试设备与RSU混用20MHz单资源池(标记点表示平均值)

对于RSU的资源池分配,RSU和OBU使用10MHz+10MHz双资源池时,RSU发送的消息不易受到同频段的干扰,具有较好的覆盖范围,测试车接收RSU消息的丢包率平均在2%。RSU和OBU混用20MHz单资源池时,与RSU相距100m左右范围内的测试车可以很好地收到RSU的消息,平均丢包率仅为0.65%,然而超过100m左右的范围,受到同频段OBU发送消息的干扰,RSU发送的消息被成功解调的概率降低,丢包率上升。

对比单、双资源池方案可以看到,单资源池方案在频率使用效率、适应频率弹性需求以及前向兼容性等方面均优于双资源池方案。实际测试显示,V2V在双资源池方案下PER性能非常差,无法满足10% PER的设计目标,已背离汽车和交通行业采用LTE-V2X技术的初衷。

技能实训

实训项目　一致性互联互通调试及测试

课程名称：	日期：	成绩：
学生姓名：	学号：	班级：

任务载体	具备车载5G NR V2X通信模组(OBU)、路侧5G NR V2X通信模组(RSU)、5G智能网联车辆管理系统、定区域自动驾驶功能车辆、5G基站
任务目标	1.查询资料完成5G车路协同关键技术试验方案制作 2.查询资料整理任务载体的技术规格及试验方法 3.能够列举OBU的概念以及子系统 4.学习解释RSU的功能以及相关要求 5.学习开展测试环境下的部署任务 6.学会分析测试的相关参数和指标 7.学习评价测试内容和结果分析方法

续上表

项　　目	步　　骤	操 作 记 录
1.方案制作	1.根据典型运用场景项目制定各单项运行环境及技术指标,以完成试验任务指标	
	2.根据指标分析不同情景下的测试结果	
	3.通过观看资源,演示事先制定的指标是否能够完成试验要求	
	4.制定完整试验计划,包括时间安排、人员安排、安全保障、试验记录要求、成果要求等内容	
	5.针对试验所需设备、软件、场地等,通过实地检查制定设备设施状态、操作方法技术工单	
2.测试内容选择	1.确认已有载体是否具备测试所需功能	
	2.测试路测及车载终端、5G 基站通信功能	
	3.车用通信系统的架构	
	4.路侧单元的关系网	
	5.结合相关案例重构场景搭建的步骤	
	6.根据指标分析不同情景下的测试结果	
3.实景测试	1.自动驾驶车辆符合性检查	
	2.车辆密度对通信性能的影响对比	
	3.交叉路口 OBU 间通信测试	
	4.直行道路 OBU 间通信测试	
	5.拥塞控制算法对通信性能测试	
	6.直行道路移动车辆通信测试	
	7.交叉路口 OBU 与 RSU 间通信测试	
	8.直行道路 OBU 与 RSU 间通信测试	
	9.资源池配置对通信性能的影响对比	
4.功能评价	1.评价指标选择	
	2.评价实施方法	
	3.评价总结分析	
小组互评 第＿＿＿组	组员学号			
	组员姓名			
	互评分			
教师考核		

思考与练习

一、判断题

1. GNSS 接收器与 OBU 为两个单独子单元，各自实现信号的接收与处理。（ ）
2. 弱势交通参与者预警信息由 OBU 输出。（ ）
3. 在高速公路、车场管理中，在路侧安装 RSU，即可建立无人值守的快速专用车道。（ ）
4. 为保证信息安全，应使用安全的通信协议并防止消息被篡改和数据丢失，硬件无须加密处理。（ ）
5. 在真实场景下的 BSM 发送过程中，OBU 和 RSU 均可发送不同字节长度的消息。（ ）
6. 设备 A 接收设备 B 的数据时，设备 B 连续发送数据包的包间时间间隔称为收包间隔。（ ）

二、选择题

1. RSU 通过（ ）接收弱势交通参与者数据。
   A. Uu   B. PC5   C. 光纤   D. 网线
2. RSU 支持时钟同步，时钟同步方式包括 GPS/BEIDOU 时钟同步、基站时钟同步和混合时钟同步，其中优先支持（ ）时钟同步。
   A. GPS/BEIDOU   B. 基站   C. 混合   D. 互联网
3. 设备 A 接收其他设备数据时的单一丢包率的（ ），记为设备 A 的接收丢包率。
   A. 最大值   B. 最小值   C. 平均值   D. 方均根值

三、简答题

1. OBU 包含哪些子系统？
2. RSU 有哪些基本功能？
3. 测试中两设备的平均时延如何计算？
4. 何为丢包率（PER）？

模块五　实验室测试

▶ 知识目标
1. 认识射频测试的技术指标和测试方法；
2. 认识实验室通信性能测试的条件和测试方法；
3. 能够列举实验室抗干扰性能测试的相关内容。

▶ 技能目标
1. 能描述射频测试的工作原理并完成技术路线；
2. 能认识并描述实验室通信性能测试的条件、工作原理并完成实验配置；
3. 能执行实验室抗干扰性能测试的项目并计算安全隔离距离；
4. 能够列举实验室抗干扰性能测试的相关内容。

▶ 素养目标
1. 通过对射频测试的实训，培养学生严谨的工作态度和精益求精的工匠精神；
2. 通过小组合作完成学习任务，培养学生的团队精神；
3. 通过查询、检索、总结，培养学生自主学习的能力和创新精神；
4. 通过制订计划，培养学生较好的逻辑思维和表达能力。

建议课时
8 课时

一　实验室射频测试

（一）射频测试的意义

测试 C-V2X 终端的射频性能是 C-V2X 频率和兼容性验证项目的重要组成部分，不仅可以考察终端射频芯片指标，更能对终端进行整机测试，考察整机的性能。C-V2X 终端射频指标的总体要求是：对于使用 5905～5925 MHz 频段的 OBU 终端和 RSU 终端，一方面要求能够产生符合标准要求的有用信号，另一方面要求把无用发射控制在一定水平之内。

(二)射频测试项说明

C-V2X 终端射频测试项目分为 5 个部分,测试技术要求标准参考 3GPP TS 36.101。下面简单描述这 5 个测试项目。

1. 最大发射功率

最大发射功率主要考察终端的发射功率是否符合标准。终端最大发射功率过大,会对其他信道或系统造成干扰,最大发射功率过小会造成系统覆盖范围缩小。C-V2X 系统的 OBU 终端和 RSU 终端的发射功率应在 23dBm±2dB 范围内。

2. 频率范围

频率范围是设备工作时发射信号的频率范围,设备占用频率范围由功率包络占用的最低频率 f_L 和最高频率 f_H 决定。C-V2X 系统的 OBU 发射机和 RSU 发射机工作在 Power Class3 最大输出功率状态下,频率使用范围限值为 $f_L \geq 5905 MHz$, $f_H \leq 5925 MHz$。其中, f_H 是指功率包络的最高频率点。在我国,C-V2X 的频率使用应该遵照频率主管单位的规定。

3. 占用带宽

占用带宽用于检验发射机的发射带宽是否超出其正常工作的频谱范围,以避免对其他通信系统造成干扰。C-V2X 系统的 OBU 和 RSU 终端占用带宽应小于或等于 10MHz。在我国,C-V2X 的占用带宽应该遵照频率主管单位的规定使用。

4. 频谱发射模板

频谱发射模板测量偏移载波中心频率在 2.5~12.75MHz 范围内的频谱杂散能量。

5. 杂散发射

发射机的杂散发射是指除带外杂散以外由谐波发射、寄生发射、互调产物及频率转移产物等产生的非期望发射,更需要进行严格的限制,否则,会对其他用户的系统造成严重的干扰。

(三)技术指标

射频测试的技术指标主要包括以下几项。

1. 发射功率

C-V2X 终端设备 RSU/OBU 的发射功率见表 5-1。

C-V2X 终端设备发射功率　　　　　　　　表 5-1

测试项	技术指标
发射功率	23dBm±2dB

2. 频率范围

C-V2X 终端设备 RSU/OBU 的频率范围为 5905~5925MHz。

3. 占用带宽

C-V2X 终端设备 RSU/OBU 的占用带宽见表 5-2。

C-V2X 终端设备占用带宽　　　　　　　　表 5-2

测试项	技术指标
占用带宽	10MHz

4. 频谱发射模板

C-V2X 终端设备 RSU/OBU 的频谱发射模板见表 5-3。

表 5-3 C-V2X 频率设备频谱发射模板

信道带宽边缘 ΔfOOB(MHz)	带外发射限值(dBm)/信道带宽		测量带宽
	10MHz	20MHz	
±(0-1)	-18	-21	30kHz
±(1-2.5)	-10	-10	1MHz
±(2.5-2.8)	-10	-10	1MHz
±(2.8-5)	-10	-10	1MHz
±(5-6)	-13	-13	1MHz
±(6-10)	-13	-13	1MHz
±(10-15)	-25	-13	1MHz
±(15-20)	—	-13	1MHz
±(20-25)	—	-25	1MHz

5. 杂散发射

C-V2X 终端设备 RSU/OBU 的杂散发射见表 5-4。

表 5-4 C-V2X 终端设备杂散发射

频率范围	杂散发射最大电平	测量带宽
9kHz≤f<150kHz	-36dBm	1kHz
150kHz≤f<30MHz	-36dBm	10kHz
30MHz≤f<1000MHz	-36dBm	100kHz
1GHz≤f<12.75GHz	-30dBm	1MHz
12.75GHz<f<26GHz	-30dBm	1MHz

(四)测试方法

C-V2X 终端设备实验室射频测试配置如图 5-1 所示,占空比测试配置如图 5-2 所示。射频测试中,所有测试项的配置不变。

图 5-1 C-V2X 终端设备实验室射频测试配置

图 5-2 C-V2X 终端设备占空比测试配置

1. 发射功率测试方法

发射功率测试步骤如下:

(1)配置被测设备,使其工作在 Power Class3 最大输出功率状态下。

(2)通过适当的衰减器,将被测设备连接到一个匹配的二极管检波器或同等装置上。二极管检波器的输出端应连接到一个示波器或同等功率测量设备的垂直通道上。二极管检波器和示波器的组合应能够准确地复现发射机输出信号的占空比 x。

(3)将频谱仪中心频率设置为被测设备的工作频率,使用 RMS 检波方式,分辨率带宽(Resolution Bandwidth,RBW)设置为 100kHz,视频带宽(Video Bandwidth,VBW)设置为 3 倍或 10 倍的 RBW,扫频宽度为 2 倍的标称带宽。

(4)记录最大功率输出数值 A 和占空比 x,根据式(5-1)得到等效全向辐射功率 P。

$$P = A + 10\lg\left(\frac{1}{x}\right) \tag{5-1}$$

式中:P——等效全向辐射功率,单位为 dBm;

A——测得的输出功率,单位为 dBm;

x——发射机输出信号占空比。

2. 频率范围测试方法

频率范围测试步骤如下:

(1)配置被测设备,使其工作在 Power Class3 最大输出功率状态下。

(2)将频谱仪中心频率设置为被测设备的工作频率,使用 RMS 检波方式,根据被测设备信号带宽调整适当的 RBW 和 VBW 数值。

(3)设置被测设备工作在最低工作频率,记录小于此工作频率且功率谱密度为 -80dBm/Hz 的对应的频点 f_L。

(4)被测设备设置为最高工作频率,记录大于此工作频率且功率谱密度为 -80dBm/Hz 的对应的频点 f_H;f_L 应大于频率范围最低限值,f_H 应小于频率范围最高限值。

3. 占用带宽测试方法

占用带宽测试步骤如下:

(1)配置被测设备,使其工作在 Power Class3 最大输出功率状态下。

(2)调整频谱仪内部衰减器,确保其工作在线性动态范围内。

(3)将频谱仪中心频率设置为被测设备的工作频率,使用 RMS 检波方式,RBW 设置为 100kHz,VBW 设置为 RBW 的 3 倍或 10 倍,扫频宽度为 2 倍的标称带宽。

(4)记录发射信号 99% 能量的带宽,此值不得超过给定限值。

4. 频谱发射模板测试方法

频谱发射模板测试步骤如下:

(1)配置测试设备,使其工作在最大输出功率等级状态下。

(2)将频谱仪中心频率设置为被测设备的工作频率,使用 RMS 检波方式。

(3)按照规定的测试带宽设置频谱仪,读取对应频段的最大电平,此值不得超过给定的限值。

5. 杂散发射测试方法

杂散发射测试步骤如下：

(1) 配置被测设备，使其工作在 Power Class3 最大输出功率状态下。

(2) 调整频谱仪内部衰减器，确保其工作在线性动态范围内。

(3) 频谱仪轨迹保留方式设置为最大保持，检波方式为 RMS，并且根据技术要求设置相应的起始频率、终止频率和测量带宽。

(4) 记录免测频段以外高于限值要求的任何有效杂散频谱分量。

二 实验室通信性能测试

(一) 通信性能测试的意义

在实验室环境下测试 C-V2X 终端设备的系统级性能，是对终端设备进行整机测试，考察整机的系统级性能。C-V2X 系统 V2V/V2I 链路的覆盖范围和时延性能参数与车辆及行人安全息息相关，因此，在外场测试条件不满足或 C-V2X 设备装车之前对其通信性能进行实验室测试十分必要。

(二) 通信性能测试项

C-V2X 系统通信性能测试项为规定覆盖范围下，C-V2X 系统的时延和分组丢失率。

1. 时延

时延是指从数据分组到达发送侧应用层服务数据单元入口开始，到数据分组到达接收侧应用层服务数据单元出口截止所经历的单向传输时间。

2. 分组丢失率

分组丢失率是指在一定覆盖范围（如端到端距离为 100m）和信道质量条件下（如 SNR = 0dB 或者其他），接收机丢失应收到数据分组的概率。分组丢失率 = 1 -（小于最大时延门限接收到的数据分组/总发送数据分组）。

(三) 实验室测试条件要求

1. 测试设备

测试设备是指根据 C-V2X 系统 OBU/RSU 接口开发，在上位机运行的测试软件。测试设备可实时监控 V2V/V2I 的通信状态，并拥有发送日志或接收日志的记录功能。发送数据应包括表 5-5 所列内容，接收数据应包括表 5-6 所列内容。

测试设备发送数据内容　　　　　表 5-5

序　号	数据内容
1	数据分组序号（由测试软件生成）
2	发送时间戳
3	发射功率

续上表

序 号	数 据 内 容
4	UEID
5	负载内容长度
6	发送端经度、纬度和海拔
7	发送端行驶方向
8	发送端行驶速度
9	填充

测试设备接收数据内容　　　　　　　　　　　表 5-6

序 号	数 据 内 容
1	接收时间戳
2	本地 MAC 地址
3	校验信息
4	RSSI
5	接收端经度、纬度和海拔
6	接收端行驶方向
7	接收端行驶速度
8	发送端的数据分组内容

2. 天线

C-V2X 设备通信采用单天线发送、双天线接收模式。

（四）技术指标

1. 测试技术指标

C-V2X 终端设备系统性能实验室测试技术指标见表 5-7。

通信性能实验室测试技术指标　　　　　　　　表 5-7

测 试 项	技 术 指 标
分组接收率	90%
时延	100ms

2. 信道模拟器参数设置

在 C-V2X 终端设备系统性能实验室测试过程中，利用信道模拟器在实验室环境下模拟实际信道环境，其参数设置见表 5-8。

表 5-8 信道模拟器参数设置

测试场景	通信链路	覆盖范围要求(m)(PRR>90%,时延<100ms)	UE绝对速度限制(km/h)	UE相对速度限制(km/h)
城区 NLOS 交叉口场景	V2V	50	50	100
	V2I	50	0/50	50
城区 LOS 直道场景	V2V	50	50	100
	V2I	50	0/50	50
高速 LOS 直道场景	V2V	320	120	240
	V2I	320	0/120	120

(五)测试方法

1. 测试配置

C-V2X 终端设备系统性能实验室测试配置如图 5-3 所示。其中,屏蔽箱用于减小信号射频泄漏和旁路传导对通信链路的影响;在信道模拟器动态范围无法覆盖测试场景路径损耗时,可以通过在通信链路中添加可调衰减器,增加模拟路径损耗范围。

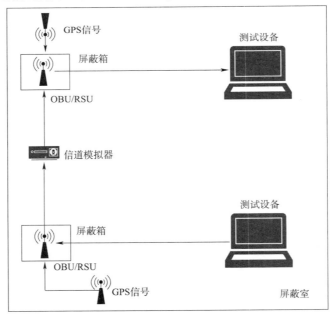

图 5-3　C-V2X 终端设备系统性能实验室测试配置

2. 测试方法

测试配置由 2 台测试设备、2 台 OBU/RSU、射频线、信道模拟器、可调衰减器和屏蔽箱组成。

实验室模拟场景包括城区 LOS 场景、城区 NLOS 场景和高速 LOS 场景。

C-V2X 终端系统性能实验室测试步骤如下：
（1）基于屏蔽室内引入的 GPS 信号，对 C-V2X 终端设备 OBU/RSU 进行同步；
（2）按照图 5-3 所示配置图搭建测试环境，为 OBU/RSU 配置相应的工作带宽；
（3）通过为信道模拟器设定不同的参数模拟不同的通信场景，场景参数见表 5-8；
（4）固定 V2V/V2I 的通信距离，见表 5-8；
（5）设置 V2V/V2I 的相对速度，见表 5-8；
（6）设置 V2V/V2I 的信噪比，范围为 [-4,4]；
（7）由发送端测试设备产生发送数据，初始发送分组时间为随机值，所述随机时间在 [0ms,100ms] 范围内；
（8）发送端测试设备同时记录发送日志；
（9）发送端测试设备控制发送端 OBU/RSU 发送数据，数据通信时间不小于 200s，发送数据分组样本量不低于 2000 个分组；
（10）发送数据通过信道模拟器到达接收端 OBU/RSU；
（11）接收端 OBU/RSU 将收到的测试数据传递至接收端测试设备；
（12）接收端测试设备添加接收数据至发送数据；
（13）接收端测试设备同时记录接收日志；
（14）接收端测试设备存储所述信息；
（15）按照表 5-9 规则分析数据处理方法，得到该信噪比下的分组丢失率和时延；
（16）转至步骤(3)，设定信道模拟器模拟的其他场景；
（17）完成所规定的所有场景的测试；
（18）结束测试。

实验室测试数据处理方式　　　　　　表 5-9

序号	数据内容	计算方法
1	通信距离	发送端和接收端的 GPS 位置间距
2	相对速度	发送端和接收端的 GPS 速度绝对值相加
3	总分组丢失数	接收日志处理
4	总接收分组数	接收日志处理
5	总发送分组数	发送日志处理
6	平均时延	接收端时间戳与发送端时间戳差值的样本均值
7	平均分组丢失率	总分组丢失数/总发送分组数
8	覆盖范围	此通信距离下的平均时延不高于 100ms 且平均分组丢失率不高于 10%

三　实验室抗干扰性能测试

（一）抗干扰测试的意义

抗干扰测试是验证在 5800～5950MHz 先用通信系统的干扰下，C-V2X 系统能否满足预定通信的性能需求并正常工作。先用通信系统包括固定卫星业务(Fixed Satellite Service, FSS)、固定业务(Fixed Service, FS)和无线局域网(WLAN)设备。

抗干扰测试是在规定了 FSS 地球站、FS 发射机和 WLAN 发射机的干扰下,基于 C-V2X 的系统性能测试方法,测试 C-V2X 系统通信性能的分组丢失率和时延是否满足预定要求。

(二)抗干扰测试项

测试项分为以下两部分。

1. 阻塞干扰测试

阻塞特性体现了接收机在同频或邻频存在一个干扰信号时,在指定频率上接收需要信号的能力,亦即接收机抑制干扰信号的能力,是测试受扰系统抑制干扰系统有用信号的能力。

2. 极限安全隔离度测试

在干扰系统的干扰下,受扰系统无法接收信号有两种可能:一是干扰信号过大,造成受扰系统接收机非线性器件进入非线性区,形成阻塞;二是在一定的干扰下,受扰系统信干比降低,造成受扰系统无法正确解调信息。极限安全隔离度测试的目的是验证受扰系统接收有用信号为接收灵敏度,且分组丢失率和时延符合技术要求时,能够承受的最小干扰信号强度。

(三)干扰源系统参数

1. FSS

FSS 干扰源或模拟器技术参数见表 5-10,FSS 信道列表见表 5-11。

FSS 干扰源或模拟器技术参数　　　　表 5-10

参　　数	数　　值
工作频段(MHz)	5850 ~ 6245
发射频段(MHz)	2/4/8
发射功率(dBm)	40

FSS 信 道 列 表　　　　表 5-11

频　段	信 道 号	载波频率(MHz)	所 属 区 间	备　　注
5.9GHz	1	5906	低信道区间	低信道
	2	5908	低信道区间	
	3	5910	低信道区间	
	4	5912	中信道区间	中信道
	5	5914	中信道区间	
	6	5916	中信道区间	
	7	5918	中信道区间	
	8	5920	高信道区间	高信道
	9	5922	高信道区间	
	10	5924	高信道区间	

2. FS

FS 干扰源或模拟器技术参数见表 5-12,FS 信道列表见表 5-13。

FS 干扰源或模拟器技术参数　　　　　　　表 5-12

参　　数	数　　值
频率范围(MHz)	5925～6425
信道带宽(MHz)	8/16/24
发射功率(dBm)	26

FS 信 道 列 表　　　　　　　表 5-13

频　段	信 道 号	载波频率(MHz)	所属区间	备　注
6GHz	1	5945	低信道区间	低信道
	2	5985	中信道区间	中信道
	3	6025	中信道区间	
	4	6065	高信道区间	高信道
6.1GHz	5	6105	低信道区间	低信道
	6	6145	中信道区间	中信道
	7	6185	高信道区间	高信道
6.2HHz	8	6225	低信道区间	低信道
	9	6265	高信道区间	高信道
6.3GHz	10	6305	低信道区间	低信道
	11	6345	中信道区间	中信道
	12	6385	高信道区间	高信道

3. WLAN

WLAN 干扰源或模拟器技术参数见表 5-14,WLAN 信道列表见表 5-15。

WLAN 干扰源或模拟器技术参数　　　　　　　表 5-14

参　　数	数　　值
频率范围(MHz)	5725～5850
信道带宽(MHz)	20
发射功率(dBm)	20

WLAN 信 道 列 表　　　　　　　表 5-15

频　段	信 道 号	载波频率(MHz)	所属区间	备　注
5.8GHz	1	5745	低信道区间	低信道
	2	5765	中信道区间	中信道
	3	5785	中信道区间	
	4	5805	中信道区间	
	5	5825	高信道区间	高信道

(四)测试指标

1. 阻塞干扰测试指标

阻塞干扰是当强干扰信号与有用信号同时加入接收机时,使接收机链路的非线性器件饱和,产生非线性失真,使得接收机无法正常解调,长时间的阻塞还可能造成接收机的永久性能下降。阻塞干扰测试过程中,需要预先对干扰源和受扰源进行带宽和发射功率等参数设置,再进行阻塞干扰测试。

阻塞干扰测试技术指标见表5-16。

阻塞干扰测试技术指标　　　　　　　　　　　　　　表5-16

参　　数	技术指标
时延	100ms
分组丢失率	5%

带内阻塞测试中受扰源参数见表5-17。

带内阻塞测试受扰源参数　　　　　　　　　　　　　　表5-17

参　　数	数　　值
受扰源带宽(MHz)	10
受扰源发射功率(dBm)	6

带内阻塞测试干扰源参数见表5-18。

带内阻塞测试干扰源参数　　　　　　　　　　　　　　表5-18

项　目	参　数	状态1(Case1)	状态2(Case2)
E-UTRA V2X 带宽 47	干扰信号功率(dBm)	-44	-44
	干扰信号带宽(MHz)	10	10
	干扰信号频率(MHz)	载波频率-BW/2-Floffest,case1 ~ 载波频率+BW/2+Floffest,case1	FDL_LOW-30 ~ FUP_high+30

注:Floffest,case1 = (15 + 0.0025)MHz;FDL_LOW - 30 = 5905MHz;FUP_high = 5925MHz;BW = 10MHz。

带外阻塞测试受扰源参数见表5-19。

带外阻塞测试受扰源参数　　　　　　　　　　　　　　表5-19

参　　数	数　　值
受扰源带宽(MHz)	10
受扰源发射功率(dBm)	6

带外阻塞测试干扰源参数见表5-20。

带外阻塞测试干扰源参数 表 5-20

项 目	参 数	频 率		
		范围 1	范围 2	范围 3
E-UTRA V2X 带宽	干扰信号功率(dBm)	−44	−30	−20
47	干扰信号频率(MHz)	FDL_low − 30 ~ FUP_low − 60	FDL_low − 60 ~ FUP_low − 85	FDL_low − 85 ~ 1
		FDL_high + 30 ~ FUP_high + 60	FDL_high + 60 ~ FUP_high + 85	FDL_high + 85 ~ + 12750

2. 极限干扰测试指标

极限干扰是指在受扰源接收端的有用信号功率高于其灵敏度 3dB 的情况下，以步进方式确定能够承受特定干扰信号的最小功率，以便计算干扰源和受扰源之间的安全隔离。

受扰源相关参数见表 5-21。

极限干扰测试中受扰源参数 表 5-21

受扰源参数	参 数 值	备 注
受扰信号功率	−87.5dBm	在严苛要求下可选择 −90.5dBm
频段	5905 ~ 5925MHz	
时延	<100ms	
分组丢失率	<10%	

（五）测试方法

实验室 C-V2X 设备抗干扰测试配置如图 5-4、图 5-5 所示。其中，图 5-4 为最差信道组合测试配置图，图 5-5 为抗干扰测试配置图。屏蔽箱用于防止发射机的 SMA 连接器导致的射频泄漏旁路传导测试的射频线信号。

图 5-4 最差信道组合测试配置

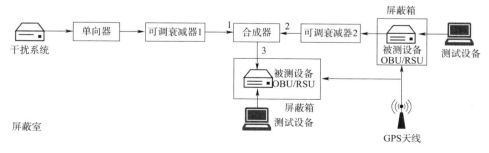

图 5-5 抗干扰测试配置

1. 阻塞干扰测试方法

阻塞干扰通过测量被干扰 V2V/V2I 通信链路在受到干扰的情况下,系统性能是否满足阻塞干扰技术指标,来评定其受干扰的程度。

阻塞干扰测试步骤如下:

(1)选择 FSS/WLAN/FS 干扰系统。

(2)选择干扰系统的信道带宽。

(3)进行最差信道组合测试。受扰系统 V2V/V2I 通信链路测试频段划分为低、高 2 个信道;干扰系统信号测试频段为造成阻塞干扰的频段,划分为一个或多个信道。搭建最差信道组合测试环境,在受扰系统和干扰系统的不同信道组合下,测量干扰系统信号泄漏至受扰系统信号载波频率处的功率值。测得泄漏功率值最大时对应的受扰系统信道和干扰系统信道为最差信道组合。

(4)基于屏蔽室内引入的 GPS 信号,对 OBU/RSU 和测试设备进行同步校准。

(5)按照相应配置搭建阻塞干扰测试环境,根据步骤(3)测得的最差信道组合对受扰系统的工作频点和带宽进行设置并建立通信链路,根据步骤(3)测得的最差信道组合对干扰系统的工作频点和带宽进行设置。

(6)设置阻塞干扰情况下 OBU/RSU 接收端在工作频段内收到的 OBU/RSU 信号功率 P_v,P_v = 发端 OBU 发射功率/RSU 发射功率 – 可调衰减器衰减值 – 射频线损值 – 合路器 2 端口至 3 端口的损耗。

(7)设置阻塞干扰情况下 OBU/RSU 接收端在干扰系统工作频段内收到的干扰系统的信号功率 P_I,P_I = 干扰源发射功率 – 单向器衰减值 – 可调衰减器衰减值 – 射频线损耗值 – 合路器 1 端口至 3 端口的损耗值。

(8)计算系统分组丢失率。发送端测试设备产生发送数据,初始发送分组时间为[0ms,100ms]内的随机值;发送端测试设备控制发送端 OBU/RSU 发送数据,同时记录发送日志,数据通信时间不小于 200s;发送数据通过 V2V/V2I 通信链路到达接收端 OBU/RSU;接收端 OBU/RSU 将接收到的测试数据传递至接收端测试设备;接收端测试设备添加接收数据至发送数据,同时记录接收日志并存储上述信息;按照实验室抗干扰测试数据处理方式对数据进行处理得到分组丢失率。

(9)进行阻塞干扰及安全隔离距离判断。判断步骤(8)中得到的系统分组丢失率是否小于或等于 5%。若该系统分组丢失率小于或等于 5%,则认为受扰系统 V2V/V2I 通信链路符合阻塞干扰标准要求,进行及格安全隔离度和对应安全隔离距离计算;若该系统分组丢失率大于 5%,则认为受扰系统 V2V/V2I 通信链路不符合阻塞干扰标准要求。

(10)转至步骤(2),选择干扰系统的下一个工作带宽,直至该干扰系统的所有带宽情况测试完成为止。

(11)转至步骤(1),选择下一个干扰系统,直至所有干扰系统测试完成为止。

2. 极限安全隔离测试方法

C-V2X 极限安全隔离度通用测试方法如下:

(1)选择 FSS/WLAN/FS 干扰系统。

(2)选择干扰系统的信道带宽。

(3)最差信道组合测试(见阻塞干扰测试中的最差信道组合测试方法)。

(4)基于屏蔽室内引入 GPS 信号,对 OBU/RSU 和测试设备进行同步校准。

(5)搭建干扰测试环境,根据步骤(3)中测得的最差信道组合对受扰系统的工作频点和带宽进行设置并建立通信链路;根据步骤(4)中测得的最差信道组合对干扰系统的工作频点和带宽进行设置。

(6)设置 OBU/RSU 接收端在工作频段内收到的 OBU/RSU 信号功率 P_v,P_v = 发端 OBU 发射功率/RSU 发射功率 − 可调衰减器衰减值 − 射频线损值 − 合路器 2 端口至 3 端口的损耗。参照 3GPP 标准定义的 C-V2X 的最小灵敏度抬升 3dB,P_v = −87.5dBm。

(7)设置 OBU/RSU 接收端在干扰系统工作频段内收到的干扰系统的信号功率 P_I,P_I = 干扰源发射功率 − 单向器衰减值 − 可调衰减器衰减值 − 射频线损耗值 − 合路器 1 端口至 3 端口的损耗值。P_I = −100dBm,调节可调衰减器的衰减值,不断提升 P_I。记录系统分组丢失率小于或等于 5% 时的 P_I 的最大值。

(8)计算极限安全隔离度和对应极限安全隔离距离。

(9)转至步骤(2),选择干扰系统的下一个工作带宽,直至该干扰系统的所有带宽情况测试完成为止。

(10)转至步骤(1),选择下一个干扰系统,直至所有干扰系统测试完成为止。

3. 安全隔离距离计算

安全隔离度按下式计算:

$$P_L = 32.5 + 20\lg f + 20\lg d \qquad (5-2)$$

式中:P_L——路径损耗,取值等于安全隔离度,单位为 dB;

f——受扰系统的载波频率,单位为 GHz;

d——受扰系统与干扰系统之间的距离,即安全隔离距离,单位为 m。可根据式(5-2)和测试得到的 P_L,反推得到安全隔离距离 d。

技能实训

实训项目　实验室通信设备的相关测试

课程名称:＿＿＿＿＿＿＿＿　　日期:＿＿＿＿＿＿＿＿　　成绩:＿＿＿＿＿＿＿＿

学生姓名:＿＿＿＿＿＿＿＿　　学号:＿＿＿＿＿＿＿＿　　班级:＿＿＿＿＿＿＿＿

任务载体	具备车载 5G NR V2X 通信模组(OBU)、路侧 5G NR V2X 通信模组(RSU)、5G 智能网联车辆管理系统、定区域自动驾驶功能车辆、5G 基站、射频线、信道模拟器、可调衰减器和屏蔽箱
任务目标	1. 查询资料整理任务载体的技术规格及试验方法 2. 认识射频测试的技术指标和测试方法 3. 认识实验室通信性能测试的条件和测试方法 4. 能够列举实验室抗干扰性能测试的相关内容

续上表

项目	步骤	操作记录
1.方案制作	1.根据实验室的测试指标并设计试验方案	
	2.根据实验场景方案选择应用场景所需载体	
	3.制定完整试验计划,包括时间安排、人员安排、安全保障、试验记录要求、成果要求等内容	
	4.针对试验所需设备、软件、场地等通过实地检查制定设备设施状态、操作方法技术工单	
2.测试内容选择	1.确认已有载体是否具备测试所需功能	
	2.射频测试的工作原理及技术路线	
	3.解释实验室通信性能测试的工作原理并完成试验配置	
	4.执行实验室抗干扰性能测试的项目并计算安全隔离距离	
3.实景测试	1.实验载体符合性检查	
	2.发射功率测试	
	3.频率范围测试方法	
	4.占用带宽测试	
	5.频谱发射模板测试	
	6.杂散发射测试	
	7.实验室通信性能的测试	
	8.实验室的阻塞干扰测试	
	9.实验室的极限安全隔离度测试	
4.功能评价	1.评价指标选择	
	2.评价实施方法	
	3.评价总结分析	

小组互评 第___组	组员学号				
	组员姓名				
	互评分				
教师考核					

思考与练习

一、判断题

1.终端最大发射功率越大则覆盖范围更大,且信号越好,因此,应尽量增大发射功率。

(　　)

2. 发射机的发射带宽超出其正常工作的频谱范围,则会对其他通信系统造成干扰。
(   )

3. 阻塞干扰通过测量被干扰 V2V/V2I 通信链路在受到干扰的情况下,系统性能是否满足阻塞干扰技术指标来评定其受干扰的程度。
(   )

二、选择题

1. 实验室模拟场景包括城区 LOS 场景、城区 NLOS 场景和(   )场景。
  A. 高速 LOS   B. 城郊 LOS   C. 高速 NLOS   D. 城郊 NLOS

2. 实验室抗干扰测试是验证在(   )先用通信系统的干扰下,C-V2X 系统能否满足预定通信的性能需求并正常工作。
  A. 5925~6425 MHz   B. 5725~5850 MHz
  C. 5850~6245 MHz   D. 5800~5950 MHz

3. 极限干扰是指在受扰源接收端的有用信号功率高于其灵敏度 3 dB 的情况下,以步进方式确定能够承受特定干扰信号的(   )功率,以便计算干扰源和受扰源之间的安全隔离。
  A. 最大   B. 最小   C. 平均   D. 极限

三、简答题

1. 根据 3GPP 标准,射频测试包括哪几个测试项目?
2. C-V2X 终端系统性能实验室测试包含哪几个场景?
3. 抗干扰测试项包括哪些内容?

模块六 C-V2X应用场景测试

⚙ 学习目标

▶ **知识目标**

1. 学会仿真测试场景的构建并能解释测试体系的概念;
2. 学会建立实车应用场景道路测试的场景搭建;
3. 学习应用测试的相关参数和指标;
4. 评价测试内容和建立结果分析方法。

▶ **技能目标**

1. 能描述并构建仿真测试场景;
2. 能够建立基于实车应用场景的道路测试环境;
3. 能结合相关案例完成场景的搭建和测试;
4. 能评价测试内容和建立结果分析方法。

▶ **素养目标**

1. 通过搭建测试场景,培养学生严谨的工作态度和精益求精的工匠精神;
2. 通过小组合作完成学习任务,培养学生的团队精神;
3. 通过查询、检索、总结,培养学生自主学习的能力和创新精神;
4. 通过制订计划,培养学生较好的逻辑思维和表达能力。

⚙ 建议课时

12 课时

一 C-V2X 场景仿真测试

(一)仿真测试的意义

仿真测试基于《合作式智能运输系统 车用通信系统应用层及应用数据交互标准(第二阶段)》(T/CSAE 157—2020)对产品进行不同场景的设计,完成虚拟路测模拟试验,验证产品的安全性,并且能够根据主机厂需求,基于各类功能性能测试进行定制化场景测试。

仿真测试可以在短时间内实现在现实中难以达到的测试次数,此外,还可以快速模拟任何场景。在真实路测中,如果要想测试雨、雪、雾等恶劣天气情况下车辆的表现,那么必须要专门去到有类似自然环境的地点或是经过漫长的等待,而在仿真测试中这就不再是一个问题。目前受限于政策与法规,可供车路协同路测的城市场地可谓是少之又少,针对大部分地区无法进行车路协同路测的问题,依然可以通过仿真测试来得到解决。

针对未来智能化与网联化融合的智能网联汽车仿真测试,应将无线信道场景与传统仿真场景融合,从而使得仿真测试能够更加地准确模拟真实环境。因此,C-V2X 仿真场景库的建设将是未来仿真测试的关键因素。

（二）仿真测试场景搭建

在实验室搭建测试台架,通过设备和仪器仿真典型场景、极限场景情况,验证终端在各场景下的安全预警功能。

1. V2V 场景设计

V2V 即车载单元之间通信。在进行该类功能的虚拟场景设计时,主要考虑车辆的驾驶行为及各车辆之间的相对运动关系,提取关键元素设计逻辑场景,再结合具体的功能需求对逻辑场景中的元素进行参数化赋值,生成具体的测试场景。

2. V2I 场景设计

V2I 即车载单元与路侧单元通信。在进行该类功能的虚拟场景设计时,主要考虑交通环境信息(交通标志、交通事件、交通灯及道路信息),提取关键元素设计逻辑场景,再结合具体的功能需求对逻辑场景中的元素进行参数化设置,生成具体的测试场景。

3. V2P 场景设计

V2P 即车载单元与行人设备通信。在进行该类功能的虚拟场景设计时,主要考虑弱势交通参与者与车辆之间的相对运动关系,提取关键元素设计逻辑场景,再结合具体的功能需求对逻辑场景中的元素进行参数化设置,生成具体的测试场景。

（三）仿真测试验证体系

C-V2X 仿真场景创建示意图如图 6-1 所示。典型的测试系统包括仿真软件、V2X 信号模拟器、GNSS 信号模拟器和 V2X 协议解码器等。现有仿真软件可以搭建基于 V2X 预警功能的 3D 仿真场景,生成实时周围车辆状态、车辆定位信息以及路边单元状态等数据,仿真软件可以对以上数据进行解析并打包成 V2X 数据报文,通过 V2X 模拟器发出 PC5 射频信号,矢量信号源用来生成各种制式卫星信号,并将模拟的定位信息转换成卫星信号通过空口发送至被测设备,同时为 V2X 通信提供时钟同步。V2X 协议解码器对被测设备接收到的 V2X 消息报文进行解码,来判断被测设备是否正确收发 V2X 消息报文并实现预警。

二、C-V2X 场景实车道路测试

（一）实车道路测试的意义

C-V2X 道路测试与仿真测试相辅相成。仿真测试可进行定量、重复性测试。实车道路测试能更加真实地反应功能与性能。功能和性能测试缺乏,直接影响着车辆行驶安全。

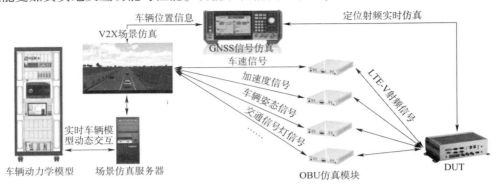

图 6-1　C-V2X 仿真场景创建示意图

基于《合作式智能运输系统　车用通信系统应用层及应用数据交互标准(第二阶段)》(T/CSAE 157—2020)验证 C-V2X 的通信性能、数据一致性、证书、定位精度和功能应用问题,避免车辆出现不触发或误触发预警场景。在触发的场景里,要保证不会过于频繁干扰驾驶人,且触发的机制统一,符合驾驶人的驾驶习惯。

C-V2X 道路测试分为试验场地测试、城市封闭道路测试和城市开放道路测试。

(二)测试场景搭建

1. 场地环境

图 6-2 所示为厦门金龙联合汽车工业有限公司示范区试验道路,测试场地提供典型的交通环境:直行道路和交叉路口,支持真实交通场景下的 C-V2X 场景测试。在测试道路两旁,架设高架杆和交通指挥灯,可用于装配路侧设备。

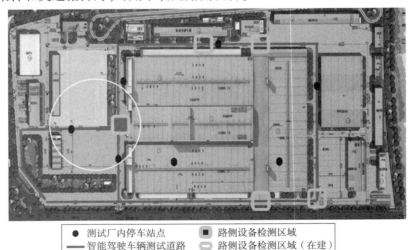

图 6-2　厦门金龙联合汽车工业有限公司示范区试验道路

此外,该示范区还建设了 5G 基站和智慧站台,支持 3D 道路全景建模、云控制、端云协同数据分析和智慧大屏显示。

示范区主要包含基础设施建设、通信网络、V2X 系统、云控平台层及其应用,其中某交叉路口 3D 道路全景建模如图 6-3 所示。

图 6-3　示范区某交叉路口 3D 道路全景建模示意图

该模型中的基础设施建设主要包括:微波雷达、摄像机和边缘计算设备等全息感知体系,实现动态目标、道路状态、交通状态等全交通要素的实时全时空感知;OBU 终端设备、RSU 设备及其他路侧设备和数据中心硬件环境,为辅助驾驶应用、自动驾驶测试应用、道路运营与管理应用提供硬件基础。

通信网络主要由 5G-V2X 通信网络组成,并兼容传统蜂窝网络、有线通信等通信模式,实现人、车、路、云的多模式动态实时交互。

系统层主要包含智能网联 V2X 系统、智能网联感知系统、边缘计算系统、智能交通信号系统、网联高级辅助驾驶系统等。

平台层实现对网联车辆和设备的监控,实现信息的上传和下发等功能。应用层主要包含了 5G-V2X 的安全、效率、信息服务、交通管理等各类网联场景应用。

示范区整体架构如图 6-4 所示。

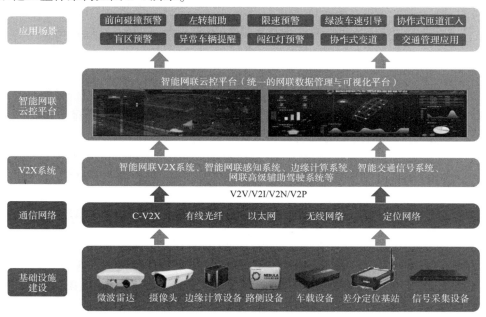

图 6-4　示范区整体架构图

2. 系统设备部署

通过部署智能网联 V2X 系统(主要设备为智能路侧终端 RSU),建立起路端与车端、云端信息通信,实现车路云信息交互共享;通过摄像头、微波雷达、激光雷达等感知设备的部署,将多源的交通信息交互共享,全面、直观、动态地反映道路交通状况,实现道路全息信息感知;通过部署边缘计算系统,实现多元感知数据融合,以及路端边缘计算与云端协同控制,边云结合,云端功能部分下沉,实现城市级的协作式智能交通系统建设。

1)智能网联 V2X 系统(RSU)

智能网联 V2X 系统作为智慧道路系统的核心,通过 LTE-V/5G 端到端的专用短程通信技术,实现与路侧设备之间及车载设备的信息交互,同时通过有线通信方式(光纤)或蜂窝网络(4G、5G 等)与网联云平台进行通信。

系统以有线连接方式(以太网、光纤等)与微波雷达传感系统、激光雷达传感系统、视频传感系统、气象传感系统等进行对接,并对传感系统的信息进行解析和融合处理,为辅助驾驶和自动驾驶提供必要的路侧感知信息支撑。

通过有线连接方式(以太网、光纤等)与可变电子信息情报板等进行对接,实现必要的路侧发布功能。

V2X 系统采用目前成熟 LTE-V 通信方式,PC5 峰值速率不低于 25MHz。V2X 系统满足国家相应规范要求:具备型号核准认证以及操作及一致性认证,系统能保障在室外恶劣环境下长期可靠工作,具备高低温、耐久性、电磁兼容以及太阳辐射等第三方检测报告。

2)智能网联感知系统

如图 6-5 所示,智能网联感知系统具有全息信息感知功能,基于网联 V2X 跟踪式微波雷达、网联 V2X 视频事件检测相机、激光雷达、AI 信号采集终端、GPS/北斗差分定位基站以及车路协同智能路侧系统的多目微波感知模块、自适应空间标定视频感知模块、高精度差分组合定位模块以及信号灯读取模块可实现动态目标识别与定位以及信号灯状态、地图信息、道路安全信息和交通事件信息的感知。

如图 6-6 所示,智能交通信号系统作为路侧系统的重要组成部分,具有信息交互能力,可通过 AI 信号灯学习终端采集信号灯信息,对接 V2X 智能路侧终端,支撑交通信号灯预警信息应用,实现交通信号灯状态提示、闯红灯预警等应用,提高车路通行效率。智能交通信号系统实现车与信号灯系统的联动,解决了以往车辆仅能在靠近路口接收信号灯信息的现状,使车辆在驶近路口前提前预知交通信号灯信号状态,提示倒计时和配时信息,提醒驾驶人或自动驾驶车辆提前行车采取行驶决策(加速或减速),实现闯红灯预警、绿波通行灯应用场景。

3)边缘计算系统

边缘计算系统主要设备为边缘计算单元,它作为路侧系统核心组件,完成传感器采集的环境数据解析,融合 V2X 报文编辑,实现路面行人、车辆的运动状态的检测。边缘计算系统在相应的功能定位端满足相应设计场景(含辅助驾驶和自动驾驶)要求,具体涉及检测范围、目标数、检测精度、可靠性、延时等指标,具有与 RSU、数据中心等相关应用的接口,实现与 RSU、数据中心、云控平台等相关系统的连接,并且与相关系统联调保证系统正常运行。

边缘计算系统将摄像头、微波雷达、激光雷达原始码流及传感器数据转化为连续、全量、多模态的对象结构化信息,并以标准化 V2X 报文播发给车辆。

图 6-5　智能网联感知系统示意图

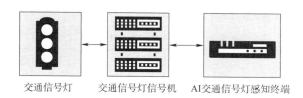

图 6-6　智能交通信号系统示意图

4)测试车辆及车载设备

测试车辆及车载设备分别如图 6-7、图 6-8 所示,两台车辆上均加装 OBU,并分别作为测试工况下的 HV 和 RV。

图 6-7　金龙 K06 智慧小型客车

图 6-8　金龙 5G/LTE-V2X 智能车载单元示意图

(三)测试指标

《合作式智能运输系统　车用通信系统应用层及应用数据交互标准(第二阶段)》(T/CSAE 157—2020)中定义了不同场景下信息交互的消息集、数据帧与数据元素,来实现车用通信系统在应用层的互联互通,标准选择涵盖安全、效率、信息服务三大类典型 V2X 应用。实车道路测试场景见表 6-1。测试前需要确保设备间正常通信,应用协议一致。单个工况测试评价规程连续有效试验次数不少于 30 次,测试通过率须达到 95%。

实车测试指标

C-V2X 实车道路测试场景功能表　　　　表 6-1

序　号	功　能	序　号	功　能
1	前向碰撞预警	10	限速预警
2	交叉路口碰撞预警	11	闯红灯预警
3	左转辅助	12	弱势交通参与者碰撞预警
4	盲区预警/变道预警	13	绿波车速引导
5	逆向超车预警	14	车内标牌
6	紧急制动预警	15	前方拥堵提醒
7	异常车辆提醒	16	紧急车辆提醒
8	车辆失控预警	17	汽车近场支付
9	道路危险状况提示	18	系统整体评价

(四)测试方法

1. 前向碰撞预警(FCW)

前向碰撞预警

工况一:HV 行驶,RV 在 HV 同一车道正前方停止。

如图 6-9 所示,HV 分别以 30km/h、50km/h、70km/h 的速度行驶,RV 在 HV 同一车道正前方 150m 停止。初始距离分别为 160m、180m 和 200m。

图 6-9　前向碰撞预警工况一示意图

测试条件:3 个子工况,每个子工况连续测试 30 组数据。

通过条件:150m 范围内触发报警,预警时间 TTC 范围为 2.1~4s。

工况二:HV 行驶,RV 在 HV 相邻车道前方停止。

如图 6-10 所示,HV 分别以 30km/h、50km/h 和 70km/h 的速度行驶,RV 在 HV 相邻车

道前方 150m 停止。初始距离分别为 160m、180m、200m。

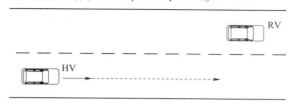

图 6-10　前向碰撞预警工况二示意图

测试条件:3 个子工况,每个子工况连续测试 30 组数据。

通过条件:不报警。

工况三:HV 行驶,RV 在 HV 同一车道正前方慢速或减速行驶。

如图 6-11 所示,HV 分别以 30km/h、50km/h 和 70km/h 的速度行驶,RV 在 HV 同一车道正前方 150m 位置处均以 20km/h 的速度慢速或减速行驶。初始距离分别为 180m、180m、200m。

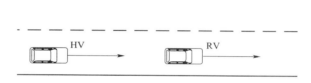

图 6-11　前向碰撞预警工况三示意图

测试条件:3 个子工况,每个子工况连续测试 30 组数据。

通过条件:150m 范围内触发报警,预警时间 TTC 范围为 2.1~4s。

工况四:HV 行驶,RV-1 在同一车道慢速或减速行驶。

如图 6-12 所示,HV 在 RV-2 后方 10m 处,视线被挡,HV、RV-2 均分别以 50km/h、70km/h 的速度行驶,RV-1 在 HV 同一车道正前方 150m 均以 20km/h 的速度慢速或减速行驶。RV-2 不具有 V2X 通信功能。初始距离分别为 300m、500m。

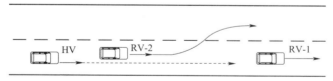

图 6-12　前向碰撞预警工况一示意图

测试条件:2 个子工况,每个子工况连续测试 30 组数据。

通过条件:150m 范围内触发报警,预警时间 TTC 范围为 2.1~4s。

2.交叉路口碰撞预警(ICW)

工况一:HV 在路口起步。

如图 6-13 所示,RV-1、RV-2 在 HV 左侧,距离路口 150m,RV-2 在 RV-1 右前方遮挡 HV 视线,RV-1 分别以 20km/h、30km/h、50km/h 的速度行驶,HV 在路口起步。RV-2 不具有 V2X 通信功能。初始距离分别为 180m、180m、200m。

交叉路口碰撞预警

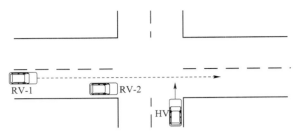

图 6-13 交叉路口碰撞预警工况一示意图

测试条件:3 个子工况,每个子工况连续测试 30 组数据。

通过条件:150m 范围内触发报警,预警时间 TTC 范围为 2.1~4s。

工况二:HV 和 RV 同时驶向路口。

如图 6-14 所示,RV-1 在 HV 右侧,RV2 在 RV-1 左前方,HV 视线被 RV-2 遮挡,HV 和 RV-1 距离路口 200m,同时分别以 20km/h、30km/h、50km/h 的速度驶向路口。RV-2 不具有 V2X 通信功能。初始距离分别为 180m、180m、200m。

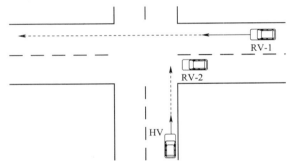

图 6-14 交叉路口碰撞预警工况二示意图

测试条件:3 个子工况,每个子工况连续测试 30 组数据。

通过条件:150m 范围内触发报警,预警时间 TTC 范围为 2.1~4s。

3. 左转辅助(LTA)

如图 6-15 所示,HV、RV 分别从距离路口 180m、180m、245m 处开始以 20km/h、30km/h、50km/h 的速度驶入路口,RV 直行,HV 左转。HV、RV 距离路口分别为 180m、180m、245m 或者 HV 与 RV 的距离为 350m、400m、450m。

测试条件:3 个子工况,每个子工况连续测试 30 组数据。

通过条件:150m 范围内触发报警,预警时间 TTC 范围为 2.1~4s。

4. 盲区预警/变道辅助(BSW/LCW)

工况一:RV 在 HV 盲区内。

如图 6-16 所示,RV 分别在 HV 左后方 0m、2m、4.5m 处,HV 与 RV 均以 60km/h 的速度行驶,HV 打开左转向灯或者转向超过 ±8° 左转。初始距离为 10m。

测试条件:6 个子工况,每个子工况连续测试 30 组数据。

通过条件:①盲区内即将有车辆时报警,BSW 通过;②HV 准备变道时,拨动左转向灯 2s

内或者转向超过±8°时有预警,LCW 通过。

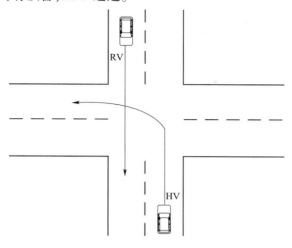

图 6-15 左转辅助工况示意图

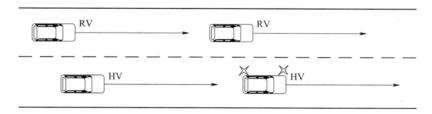

图 6-16 盲区预警/变道辅助工况一示意图

工况二:RV 即将进入 HV 盲区。

如图 6-17 所示,RV 分别在 HV 左后方 0m、2m、4.5m 位置处,RV 分别以 40km/h、60km/h、80km/h 的速度前进,HV 分别以 50km/h、70km/h、90km/h 的速度前进,HV 打开左转向灯或者转向超过±8°左转。初始距离为 50m。

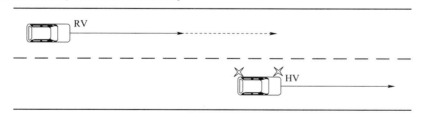

图 6-17 盲区预警/变道辅助工况二示意图

测试条件:6 个子工况,每个工况连续测试 30 组数据。

通过条件:①盲区内即将有车辆时报警,BSW 通过;②HV 准备变道时,拨动左转向灯 2s 内或者转向超过±8°时有预警,LCW 通过。

5. 逆向超车预警(DNPW)

如图 6-18 所示,HV 与 RV-2 初始距离 350m,RV-1 在 HV 前方 20m、30m 同一车道以 40km/h、60km/h 的速度行驶,RV-2 在相邻对向车道以 40km/h、60km/h 的速度行驶,

HV 开启左转向灯准备左转。RV-1 与 RV-2 均具有 V2X 通信功能。初始距离分别为 450m、560m。

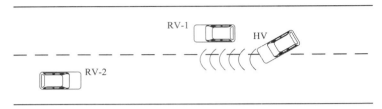

图 6-18 逆向超车预警工况示意图

测试条件:2 个子工况,每个工况连续测试 30 组数据。

通过条件:HV 超车后,预警时间 TTC 范围 4~10s 内触发报警。

6. 紧急制动预警(EBW)

工况一:HV 同车道前方紧邻 RV 发生紧急制动。

如图 6-19 所示,RV 在 HV 前方 30m、40m、50m 处分别以 20km/h、40km/h、60km/h 的速度行驶,RV 以 $-4.5m/s^2$ 的减速度减速。初始距离分别为 30m、40m、50m。

图 6-19 紧急制动预警工况一示意图

测试条件:3 个子工况,每个工况连续测试 30 组数据。

通过条件:RV-1 制动后,在 4~10s 内对 HV 驾驶人发出预警。

工况二:HV 前方非紧邻 RV 发生紧急制动。

如图 6-20 所示,HV、RV-2 分别在 RV-1 后方 30m、40m、50m、15m、20m、25m,RV-2 在 HV、RV-1 中间,HV、RV-1、RV-2 均以 20km/h、40km/h、60km/h 的速度行驶,RV-1 以 $-4.5m/s^2$ 的减速度减速。RV-1 与 RV-2 均具有 V2X 通信功能。初始距离分别为 30m、40m、50m。

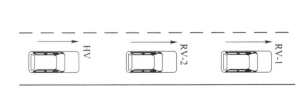

图 6-20 紧急制动预警工况二示意图

测试条件:3 个子工况,每个工况连续测试 30 组数据。

通过条件:RV-1 制动后,在 4~10s 内对 HV 驾驶人发出预警。

7. 异常车辆提醒(AVW)

工况一:异常车辆开启故障报警灯。

如图 6-21 所示,HV 以 40km/h、80km/h,RV 静止,HV 在 RV 后方同一车道 200m、350m 处,RV 开启故障报警灯。初始距离分别为 200m、350m。

图 6-21　异常车辆提醒工况一示意图

测试条件:2 个子工况,每个工况连续测试 30 组数据。

通过条件:150m 范围内,同向车辆发出信号时,HV 应预警并给出具体方位(左前、前方、右前);且 HV 要在 4~10s 的时间段内触发预警。

工况二:异常车辆为静止/慢速车辆(或 RV 运动中开启应急灯)。

如图 6-22 所示,HV 在 RV 后方同一车道 150m 处,HV 分别以 40km/h、80km/h,RV 均以 20km/h 的速度行驶。初始距离分别为 200m、350m。

图 6-22　异常车辆提醒工况二示意图

测试条件:2 个子工况,每个工况连续测试 30 组数据。

通过条件:150m 范围内,同向车辆发出信号时,HV 应预警并给出具体方位(左前、前方、右前),且 HV 要在 4~10s 的时间段内触发预警。

8. 车辆失控预警(CLW)

工况一:HV 和 RV 同向行驶。

如图 6-23 所示,HV 在 RV 后方 200m、300m,RV 触发车辆失控信号,分别以 20km/h、40km/h 的速度行驶,HV 距离 RV 200m、300m 时,加速到 50km/h、80km/h 后稳定行驶。初始距离分别为 200m、300m。

测试条件:2 个子工况,每个工况连续测试 30 组数据。

通过条件:在 150m 内,同向车辆发出信号时,HV 应预警并给出具体方位(左前、前方、右前);且 HV 要在 4~10s 的时间段内触发预警。

工况二:HV 和 RV 反向行驶。

如图 6-24 所示,RV 在 HV 对向相邻车道反向行驶,速度分别为 30/-30km/h、50/-50km/h、80/-80km/h。初始距离分别为 200m、300m、400m。

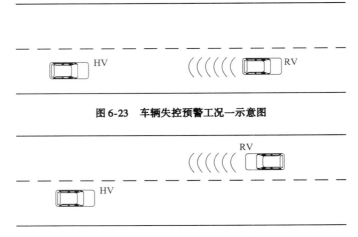

图 6-23　车辆失控预警工况一示意图

图 6-24　车辆失控预警工况二示意图

测试条件:3 个子工况,每个工况连续测试 30 组数据。

通过条件:在 150m 内,同向车辆发出信号时,HV 应预警并给出具体方位(左前、前方、右前);且 HV 要在 4~10s 的时间段内触发预警。

9. 道路危险状况提示(HLW)

如图 6-25 所示,HV 与 RSU 距离为 450m,HV 分别以 30km/h、60km/h、90km/h 的速度驶向 RSU。初始距离分别为 160m、200m、250m。

图 6-25　道路危险状况提示工况示意图

测试条件:3 个子工况,每个工况连续测试 30 组数据。

通过条件:300m 内,HV 在 4s 以后触发预警。按照车辆与事故点之间的距离计算 TTC。

10. 限速预警(SLW)

如图 6-26 所示,HV 与 RSU 的初始距离为 450m,HV 分别以 20km/h、40km/h 的速度驶向 RSU,但限速 40km/h。初始距离为 160m。

测试条件:2 个子工况,每个工况连续测试 30 组数据。

通过条件:300m 内,HV 在预警时间 TTC≥4s 以上触发预警。按照车辆与限速点之间的距离计算 TTC。

图 6-26　限速预警工况示意图

11. 闯红灯预警(RLVW)

如图 6-27 所示,HV 与 RSU 的初始距离为 450m,HV 分别以 20km/h、40km/h 的速度驶向 RSU,限速 40km/h。初始距离为 160m。

闯红灯预警

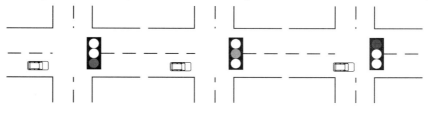

图 6-27　闯红灯预警工况示意图

测试条件:1 个子工况,每个工况连续测试 30 组数据。

通过条件:HV 进入交通灯管辖区停止线前 4~10s 触发预警。

12. 弱势交通参与者预警(VRUCW)

工况一:HV 行进时行人 P 从侧前方出现。

如图 6-28 所示,HV 在 RV 左后方 150m 分别以 20km/h、40km/h、60km/h 的速度行驶,RV 静止,行人 P 在 RV 前方以 5km/h 的速度横穿道路。RV 不具有 V2X 通信功能。初始距离分别为 180m、200m、250m。

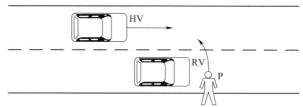

图 6-28　弱势交通参与者预警工况一示意图

测试条件:3 个子工况,每个工况连续测试 30 组数据。

通过条件:150m 范围内触发报警,预警 TTC 范围为 4~10s。

工况二:HV 倒车预警。

如图 6-29 所示,HV 分别以 5km/h、10km/h 的速度倒车,行人 P 以 5km/h 的速度从 HV 后方 5m 处走过。

测试条件:1 个子工况,每个工况连续测试 30 组数据。

通过条件:150m 范围内触发报警,预警 TTC 范围为 4～10s。

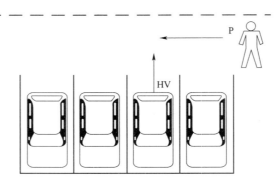

图 6-29　弱势交通参与者预警工况二示意图

13. 绿波车速引导(GLOSA)

如图 6-30 所示,HV 初始从 250m 位置以 40km/h 的速度向交叉口行驶,RSU 定时发送信号灯配时与地图消息。

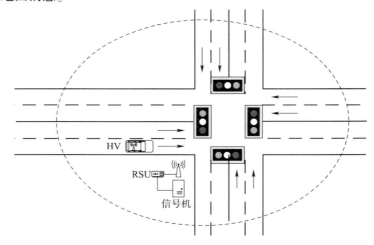

图 6-30　绿波车速引导工况示意图

测试条件:3 个子工况,每个工况连续测试 30 组数据。

通过条件:HV 从距离交叉口停止线 180m 内开始,在引导车速下实现距离路口 10m 之前给出前方信号灯状态,并实现不超速、不停车通过信号灯路口。

14. 车内标牌(IVS)

如图 6-31 所示,HV 分别以 20km/h、40km/h、60km/h 的速度从距离模拟标志牌 150m 处向模拟标志牌位置行驶,RSU 发出局部道路数据信息以及相应的交通标志牌信息。

测试条件:1 个子工况,每个工况连续测试 30 组数据。

通过条件:100m 距离之前,HV 在行驶中得到正确的标牌信息。

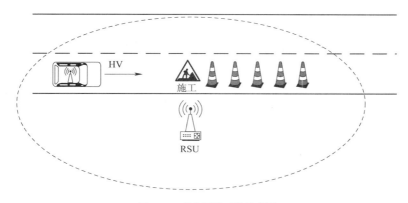

图 6-31　车内标牌工况示意图

15. 前方拥堵提醒（TJW）

如图 6-32 所示，HV 分别以 20km/h、40km/h、60km/h 的速度从距离拥堵点 1000m 处向模拟拥堵路段行驶，RSU 周期性广播局部道路拥堵数据信息。

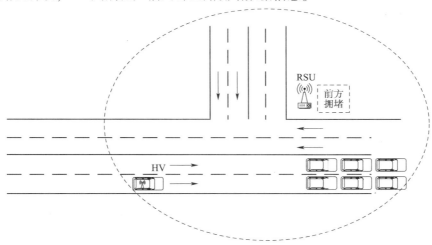

图 6-32　前方拥堵提醒工况示意图

测试条件：1 个子工况，每个工况连续测试 30 组数据。

通过条件：距离拥堵点 500m 之前，HV 在行驶中得到正确的拥堵信息。

16. 紧急车辆提醒（EVW）

如图 6-33 所示，紧急车辆 RV 在 HV 后方 400m，HV、RV 均以 60km/h 的速度行驶。

图 6-33　紧急车辆提醒工况示意图

测试条件:1 个子工况,每个工况连续测试 30 组数据。

通过条件:HV 与 RV 距离为 300m 时发出预警,得到正确的紧急车辆让行提示信息。

17. 汽车近场支付(VNFP)

工况一:HV 在行驶中支付。

如图 6-34 所示,HV 初始距离 RSU 为 150m,分别以速度 30km/h、60km/h、80km/h 的速度向模拟收费站行驶,RSU 广播收费站收费信息。

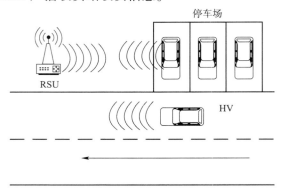

图 6-34　汽车近场支付工况一示意图

测试条件:1 个子工况,每个工况连续测试 30 组数据。

通过条件:HV 在行驶中得到正确的支付提示信息并完成支付。

工况二:HV 停止时主动支付。

如图 6-35 所示,HV 初始距离 RSU 为 150m,RSU 广播收费站收费信息。

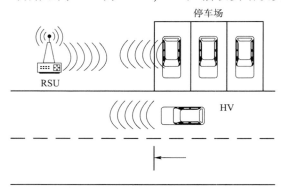

图 6-35　汽车近场支付工况二示意图

测试条件:1 个子工况,每个工况连续测试 30 组数据。

通过条件:HV 得到正确的支付提示信息并完成支付。

18. 系统评价

测试内容如下:

(1)报警信号是否清晰易懂、简单明了;

(2)报警方式与类型包括声音和图形;

(3)报警方式是否支持个性化设置；
(4)报警时机合理,满足 2～4s 报警要求；
(5)关联系统功能正常；
(6)报警频次较高/正常/较低；
(7)功能开启与关闭方式是否易操作；
(8)系统状态指示是否清晰；
(9)指示图标布置是否合理。
通过条件如下：
(1)场景应用测试满足要求；
(2)HMI 主观评价为通过。

技能实训

实训项目一　C-V2X 应用场景搭建与测试

课程名称：_____　　日期：_____　　成绩：_____

学生姓名：_____　　学号：_____　　班级：_____

任务载体	具备车载 5G NR V2X 通信模组(OBU)、路侧 5G NR V2X 通信模组(RSU)、5G 智能网联车辆管理系统、定区域自动驾驶功能车辆、5G 基站
任务目标	1. 查询资料完成 5G 车路协同解决方案制定
	2. 依据提供的设备和系统完成应用场景搭建
	3. 按流程及相关要求,参照演示视频完成 C-V2X 中终端通信功能测试
	4. 按流程及相关要求,参照演示视频完成 C-V2X 中终端网络层功能测试
	5. 按流程及相关要求,参照演示视频完成 C-V2X 中终端应用层功能测试

项　　目	步　　骤	操 作 记 录
1. 方案制作	1. 根据 C-V2X 基本组成及应用要求设计场景	
	2. 根据场景所需设备选择 C-V2X 应用场景所需载体	
2. 测试内容选择	1. 确认已有载体是否具备测试所需功能	
	2. 测试路测及车载终端、5G 基站通信功能	
	3. 通过云端远程驾驶测试网络层功能	
	4. 通过区域内自动驾驶车辆自动驾驶测试应用功能	
3. 实景测试	1. 自动驾驶车辆符合性检查	
	2. 设备符合性准备	
	3. 场景测试条件检查	
	4. 终端测试及数据收集	

续上表

4.功能评价	1.评价指标选择	
	2.评价实施方法	
	3.评价总结分析	
小组互评 第___组	组员学号	
	组员姓名	
	互评分	
教师考核		

实训项目二　C-V2X 应用场景相关测试

课程名称：_____　　日期：_____　　成绩_____

学生姓名：_____　　学号_____　　班级：_____

任务载体	具备车载5G NR V2X 通信模组（OBU）、路侧5G NR V2X 通信模组（RSU）、5G 智能网联车辆管理系统、定区域自动驾驶功能车辆、5G 基站、通信网络、V2X 系统、云控平台层
任务目标	1.查询资料整理任务载体的技术规格及试验方法 2.仿真测试场景的构建并能解释测试体系的概念 3.学会建立实车应用场景道路测试的场景搭建 4.学习应用测试的相关参数和指标 5.评价测试内容和建立结果分析方法

项　目	步　骤	操 作 记 录
1.方案制作	1.根据 C-V2X 的场景仿真及应用要求设计场景	
	2.根据 C-V2X 的实测道路构成及应用要求设计场景	
	3.制定完整试验计划,包括时间安排、人员安排、安全保障、试验记录要求、成果要求等内容	
	4.针对试验所需设备、软件、场地等,通过检查制定设备设施状态、操作方法技术工单	
2.测试内容选择	1.确认已有载体是否具备测试所需功能	
	2.仿真测试场景创建的架构	
	3.梳理道路系统搭建的架构	
	4.结合相关案例描述场景搭建的步骤	
	5.根据指标分析不同情景下的测试结果	
3.实景测试	1.仿真测试场景 V2V 场景搭建	
	2.仿真测试场景 V2I 场景搭建	

续上表

3.实景测试	3.仿真测试场景 V2P 场景搭建			
	4.C-V2X 的试验场地测试			
	5.C-V2X 的城市封闭道路测试			
	6.C-V2X 的城市开放道路测试			
4.功能评价	1.评价指标选择			
	2.评价实施方法			
	3.评价总结分析			
小组互评 第___组	组员学号			
	组员姓名			
	互评分			
教师考核				

思考与练习

一、判断题

1. C-V2X 道路测试分为试验场地测试、城市封闭道路测试和城市开放道路测试。（ ）

2. 边缘计算系统将摄像头、微波雷达、激光雷达原始码流及传感器数据转化为连续、全量、多模态的对象结构化信息,并以标准化 V2X 报文播发给车辆。（ ）

3. 仿真测试无法测试雨、雪、雾等恶劣天气情况下车辆的表现。（ ）

4. 报警方式不应支持个性化设置,以便于统一性。（ ）

二、选择题

1. C-V2X 道路测试中,仿真测试可进行(   )测试。
   A. 替代性   B. 定量、重复性   C. 比较性   D. 变量

2. (   )实现车与信号灯系统的联动,解决了以往车辆仅能在靠近路口接收信号灯信息的问题,使车辆在驶近路口前提前预知交通信号灯信号状态。
   A. 定位基站   B. 激光雷达   C. RSU   D. 智能交通信号系统

3. 边缘计算系统主要设备为边缘计算单元,根据要求实现与(   )、数据中心、云控平台等相关系统的连接,并且与相关系统联调保证系统正常运行。
   A. RSU   B. OBU   C. HV   D. RV

4. 实现车用通信系统在应用层的互联互通,标准选择涵盖安全、效率、(   )三大类典型 V2X 应用。
   A. 信息服务   B. 信息接收   C. 信息发送   D. 通信服务

5. 单个工况测试评价规程连续有效试验次数不少于(   )次。
   A. 10   B. 15   C. 20   D. 30

三、简答题

1. 典型的 V2X 仿真测试系统包括哪些内容？
2. 仿真测试和实车测试之间有什么关系？
3. C-V2X 应用场景测试建设主要包含哪几个方面？
4. C-V2X 应用场景道路测试包含哪几个场景？
5. C-V2X 应用场景道路测试的测试指标有哪些？

参 考 文 献

［1］中国汽车工程学会.合作式智能运输系统　车用通信系统应用层及应用数据交互标准（第二阶段）:T/CSAE 157—2020［S］.

［2］中国移动.LTE-V2X-RSU 通信技术白皮书［R/OL］.［2019］.http://max.book118.com/html/2021/0829/5320141310003342.shtm.

［3］中国信通院.车联网白皮书:网络自动驾驶分册［R/OL］.［2020］.https://www.163.com/dy/article/GURF4B2005383ZUN.html.

［4］中国智能网联汽车产业创新联盟.车路云一体化融合控制系统白皮书［R/OL］.［2020-09］.https://max.book118.com/html/2020/1017/7032134152003006.shtm.

［5］IMT-2020(5G)推进组.C-V2X 白皮书［R/OL］.［2018-06］.https://www.waitang.com/report/7015.html.

［6］华为技术有限公司.车路一体化智能网联体系 C-V2X 白皮书［R/OL］.［2018-04］.https://max.book118.com/html/2021/0524/6053030121003151.shtm.

［7］中国通信学会.蜂窝车联网(C-V2X)技术与产业发展态势前沿报告［R/OL］.［2020-12］.http://www.coder100.com/index/index/content/id/1562056.

［8］李俨等.5G 与车联网——基于移动通信的车联网技术与智能网联汽车［M］.北京:电子工业出版社.2019..

［9］高通无线通信技术(中国)有限公司.C-V2X 大规模终端通信测试报告［R/OL］.［2021-08］.https://max.book118.com/html/2021/0913/8140136117004003.shtm.

［10］郭晶,王正伟,祁俊锋.基于北斗高精度定位的车道级导航系统［J］.测绘通报,2020(01):26-29.

［11］孙雨奇,王斐武.5G 车路协同自动驾驶应用研究［J］.科学技术创新,2021(17):177-178.

［12］周颖.自动驾驶和车路协同系统中通信技术现状分析［J］.智能网联汽车,2021(01):92-96.

［13］潘岳,周兴壮,欧力,等.简析车路协同自动驾驶系统的关键技术［J］.科学技术创新,2020(19):50-52.

［14］程婕,陈建峰.一种基于5G 的车路协同自动驾驶技术架构［J］.信息通信,2019(12):39-41.

［15］谭征宇,戴宁一,张瑞佛,等.智能网联汽车人机交互研究现状及展望［J］.计算机集成制造系统,2020,26(10):2615-2632.